U1002661

六盘水市卷

龙佑铭 周友武 编著

贵州省非物质文化遗产田野调查丛书

徐静 杨军昌 主编

丛书由知识产权出版社出版基金资助出版

本卷获得贵州省教育厅人文社科基地项目资助
贵州省高等学校人文社会科学研究基地
——贵州大学人口·社会·法制研究中心
贵州省文化厅／贵州省非物质文化遗产保护中心

知识产权出版社
全国百佳图书出版单位

图书在版编目(CIP)数据

贵州省非物质文化遗产田野调查丛书. 六盘水市卷 / 徐静，杨军昌主编 ；龙佑铭，周友武编著. — 北京 :知识产权出版社，2018.9

ISBN 978-7-5130-5761-5

Ⅰ. ①贵… Ⅱ. ①徐… ②杨… ③龙… ④周… Ⅲ. ①物质文化遗产—介绍—六盘水 Ⅳ. ①G127.73

中国版本图书馆 CIP 数据核字(2018)第 187175 号

内容摘要

本书在田野调查基础上，较为全面地对六盘水市省级以上非物质文化遗产项目进行了较为系统和全面介绍，本书图文并茂，内容翔实，对弘扬六盘水市民族民间文化、非物质文化遗产的保护和传承工作具有积极的作用与价值。

责任编辑:王　辉　　　　**责任印制**:孙婷婷

贵州省非物质文化遗产田野调查丛书

徐静　杨军昌　主编

六盘水市卷

LIUPANSHUI SHI JUAN

龙佑铭　周友武　编著

出版发行:知识产权出版社有限责任公司
网　　址:http://www. ipph. cn
http://www.laichushu.com
电　　话:010-82004826
社　　址:北京市海淀区气象路 50 号院
邮　　编:100081
责编电话:010-82000860 转 8381
责编邮箱:wanghui@ cnipr.com
发行电话:010-82000860 转 8101
发行传真:010-82000893
印　　刷:北京建宏印刷有限公司
经　　销:新华书店及相关销售网点
开　　本:720 mm×1000 mm　1/16
印　　张:12.25
版　　次:2018 年 9 月第 1 版
印　　次:2018 年 9 月第 1 次印刷
字　　数:230 千字
定　　价:56.00 元

ISBN 978-7-5130-5761-5

出版权专有　侵权必究

如有印装质量问题，本社负责调换。

《贵州省非物质文化遗产田野调查丛书》

编委会和编辑部人员名单

编委会主任： 慕德贵

副主任： 何　力

编　委： 徐　静　黎盛翔　赵廷昌　杨　未　杨军昌
丁凤鸣　龙佑铭

主　编： 徐　静　杨军昌

副主编： 黎盛翔　徐则平　王世佐

编委会下设编辑部

主　任： 丁凤鸣

副主任： 张诗莲　龙佑铭

成　员： 申茂平　张应华　李小毛　周　梅　吕燕平
谢　芝　毕　琪　陆勇昌　李　岚　王炳忠
黄克亚　王砂砂　王先凯　张　彬　刘　颖
周友武　刘　莹　邓　敏　郑远文　陈　波
粟周榕　黄家富　卢延庆　沈起安　宋　耀

传承非遗　助力脱贫

——贵州省非物质文化遗产田野调查丛书

序

党的十九大报告中指出：文化是一个国家、一个民族的灵魂，文化兴国运兴、文化强民族强。没有高度的文化自信，没有文化的繁荣兴盛，就没有中华民族的伟大复兴。2017年1月，中共中央办公厅、国务院办公厅印发了《关于实施中华优秀传统文化传承发展工程的意见》，明确提出要保护传承文化遗产，实施非物质文化遗产传承发展工程。贵州是非物质文化遗产资源大省，更是脱贫攻坚主战场，如何保护好、传承好非物质文化遗产，利用好、发挥好非物质文化遗产在脱贫攻坚中的积极作用，一直是我们在理论和实践层面思考的重要课题，而《贵州省非物质文化遗产田野调查丛书》就是这一课题研究的重要成果之一。

非物质文化遗产是文化遗产的重要组成部分。非物质文化遗产是人类创造力、想象力、智慧和劳动的结晶，是人类文化多样性的生动展示，也是一个国家、一个民族兴旺发达的文明标志与精神支柱。早在2003年10月联合国教科文组织发布《保护非物质文化遗产公约》起，世界范围内的非物质文化遗产调查、整理、传承、保护、利用等工作得以迅速展开。我国也随即在2005年3月26日出台了《关于加强我国非物质文化遗产保护工作的意见》。相继全国各地按照《国家级非物质文化遗产保护名录》的类别划分，在民间文学、传统音乐、传统舞蹈、传统戏剧、曲艺，传统体育、游艺与杂技，传统美术、传统技艺、传统医药、民俗10个大类上，开展了一系列非物质文化遗产保护工作。

贵州是非物质文化遗产资源的富矿区，各民族在历史发展的长河中，创造了多姿多彩、独具特色的多元民族非物质文化遗产。截至2018年5月，列入人类非物质文化遗产代表作名录2项，国家级名录85项140处，省级名录561项708处，市、州级名录1134项，县级名录4000多项。国家级文化生态保护实验区1项，省级3项；国家级非物质文化遗产生产性保护示范基地3处，省级59处；国家级非物质文化遗产代表性传承人96人，省级402人。这些非物质文化遗产内容丰富，各具特色，是贵州各民族发展历史的真实写照，是各民族传统文化的重要载体，更是中华民族文化遗产的重要组成部分，充分体现了贵州省各民族人民的聪明才智和生存智慧，蕴含着丰富的历史价值、艺术价值、科学价值、文化价值等。保护和利用好非物质文化遗产，有利于继承和发扬民族优秀文化传统和民族精神，传递贵州文化声音，展示贵州文化风貌。如果以此为资源、资本，在生产性保护的基础上，发展文化特色产业，还可以增强乡村旅游魅力，拓宽农民脱贫致富路子，增强可持续发展能力。近年来，贵州省及时出台了《贵州省非物质文化遗产保护发展规划》等指导性文件，开展了非遗传承脱贫"十""百""千""万"培训工程，建成了国家级民族文化生态保护实验区1个，省级民族文化生态保护区2个；国家级非遗生产性保护示范基地3个，省级非遗生产性保护示范基地28个，带动了数万贫困户脱贫致富奔小康。

为了更好地保护和传承贵州省非物质文化遗产，使非物质文化遗产传承脱贫工程更有基础、更有素材、更有针对性，在中共贵州省委宣传部的指导下，在贵州大学、贵州省文化厅的支持下，贵州大学人口·社会·法制研究中心与贵州省非物质文化遗产保护中心共同实施了知识产权出版社出版资助项目、贵州省教育厅人文社科研究基地项目《贵州省非物质文化遗产田野调查丛书》，在各州市有关部门及广大非遗工作者的积极参与下，经过各卷调查与撰写专家、学者多年来的艰辛努力，终于圆满完成了项目任务并付梓出版。这是贵州省非物质文化遗产资源第一次系统而详细的收集、整理与集中展示，是外界了解贵州省悠久历史和多姿多彩民族文化的重要窗口，是贵州学者助推文化精准扶贫的辛勤耕耘的成果，必将在增强文化自觉、坚定文化自信、助推脱贫攻坚方面产生积极的现实意义。

是为序！

2018年5月

概　述

随着人类的进步与社会的发展，“非物质文化遗产”（以下简称“非遗”），越来越受到全人类的关注，非遗保护自然成为研究的对象。非遗这一概念的产生与发展无论在国内还是国际都是非常短暂的。在短短半个多世纪的时间里，非遗的名称发生了多次变化，其内涵也随之相应变化。

进入 21 世纪，“非物质文化遗产”这一概念得以正式提出，在此之前，非遗的名称与内涵出现过几次明显的变化：“人类口头及非物质文化遗产”“无形文化”“无形文化遗产”“人类口传及无形文化”等，英文、法文原意为“不可触摸的”；日文、韩文翻译为“无形财”“无形文化财”。形成国际影响、具有里程碑意义的是，2003 年 10 月 17 日联合国教科文组织第 32 届全体大会通过的《保护非物质文化遗产国际公约》（以下简称《公约》）。

在我国对应的叫法有“民族民间文化”“民俗文化”“民间传统文化”等。非遗这一概念频繁出现，是在 2001 年中国昆曲入选世界第一批“人类口头和非物质遗产代表作”之后。2004 年 8 月 28 日，经全国人民代表大会常务委员会批准，中国成为第六个加入《公约》的国家。2005 年 3 月，国务院办公厅公布了《关于加强我国非物质文化遗产保护工作的意见》。2011 年 2 月 25 日，由中华人民共和国第十一届全国人民代表大会常务委员会第十九次会议通过公布了《中华人民共和国非物质文化遗产法》，2011 年 6 月 1 日起施行。2006 年 5 月 20 日，国务院公布了第一批国家级非遗名录，首次将我国非遗分为“十大类”：民间文学、民间音乐、民间舞蹈、传统戏剧、曲艺、杂技与竞技、民间美术、传统手工技艺、传统医药、民俗。2008 年 6 月 7 日，国务院公布了第二批国家级非物质文化遗产名录，将“十大类”调整为：民间文学，传统音乐，传统舞蹈，传统戏剧，曲艺，传统体育、游艺与杂技，传统美术、传统技艺、传统医药、民俗。之后，一直沿用至今。

一、六盘水市非物质文化遗产资源情况

六盘水市在改革开放前因经济不发达、交通不便利、工业化程度不高等因素的影响，使境内各民族的传统文化得到了较为完整的保持，并在长期的生活中得到发

展和丰富。

民间文学：六盘水市的非遗中蕴藏着丰富的民间文学，这些文学作品是各民族的先民在生活和生产中，根据自身的民族特点，创造出了鲜活的民族元素，如《布依族盘歌》《彝族古歌》、水城县《苗族民间故事》等在描写手法上使用了肖像描写、语言描写、行为描写、心理描写等；在构思技巧上使用了伏笔、夸张、讽刺等；在修辞艺术上使用了谐音、顶针、拈连、艺术手法打造着古老的文学作品。大多具有较高的文学价值和民族学、民俗学价值。特别是“六盘水市彝族毕摩文献”中的“祖先崇拜”所具有的独特性、稀有性、真实性和民族性，有着极高的民族文化价值。

传统音乐、传统舞蹈：六盘水市的传统音乐、传统舞蹈集中体现了自身民族特性。无论是音乐还是舞蹈，大多具有动作原始古朴、简单大气的特性。歌舞内容既是一首首对先人和亡灵完整的赞美诗，又是一部部民族历史的回忆录，对研究民族部落历史、征战、民风、民俗、宗教信仰、服饰、音律等有着较高的价值。如《撒麻舞》《铃铛舞》《芦笙舞》《布依族织布舞》《斗牛舞》等。

传统美术：六盘水市的民族文化靠口头文学和服饰艺术、绘画等形式来表达。他们不仅将各自民族的历史融于口头文学中，也描绘于服饰艺术中，成为传世的“无字史书”，在历史学、人类学等学科研究中具有不可替代的作用。如梭戛箐苗彩色服饰、南开小花苗花背艺术、布依族服饰等。

传统技艺：非遗传统技艺大都与人民生产生活密切相关，六盘水市的传统技艺类非物质文化遗产涵盖了各类别的器具或物件，同时也蕴含着古老的技艺信息和民族文化信息，如苗族服饰制作工艺、布依族服饰制作工艺、苗族芦笙制作、直箫制作、花背制作工艺、刺绣工艺、织布工艺、盘县老厂的造纸工艺、盘县砂陶制作、布依族油团粑制作、竹编工艺、剪纸工艺等。

传统医药：六盘水市地理环境独特，加上中华人民共和国成立前处于文化、经济、政治的边缘，使得传统医药基本上保持着较为原始的状态，对其研究和挖掘，能更进一步丰富中医药文化。

传统体育、游艺与杂技：六盘水市的传统体育、游艺与杂技主要有舞龙、舞狮、踩高跷等，大多是历史上民族大迁移时由中原带入，中华人民共和国成立后“三线建设”时使这些项目得到发展和传承。

民俗：六盘水市的民俗集中体现了古人对和谐完美的憧憬，其内涵符合民族传统民间文化的伦理道德，也表达了深邃宏远神秘的文化理念。如坐花房、跳花节、火把节、六月六、彝族婚嫁习俗、采花节等。

二、六盘水市非物质文化遗产的保护和传承

1.建立健全非物质文化遗产保护机构

六盘水市于2004年在贵州省率先成立了“六盘水市民族民间文化保护委员会”,2005年各县区也相应成立“民族民间文化保护委员会”,正式启动了六盘水市民族民间文化保护工程。2005年我国为了履行加入联合国教科文组织《保护非物质文化遗产公约》的职责,以及与申报世界非物质文化遗产代表作名录对接,我国的“民族民间文化”改称“非物质文化遗产”,六盘水市也于2007年将原“六盘水市民族民间文化保护委员会”改为“六盘水市非物质文化遗产保护工作联席会”并制定和完善了《六盘水市非物质文化遗产名录项目申报评审管理暂行办法》《六盘水市非物质文化遗产保护工作联席会议制度》。

为了达到动员社会力量参与到六盘水市非物质文化遗产保护工作中来,六盘水市率先在贵州省成立了第一家民间保护组织即“六盘水市民族民间文化保护促进会”(后更名为“文化遗产保护促进会”)。会员中大部分是社会各界热心于非遗抢救保护事业的专家学者、离退休干部、乡镇领导、民间艺人、民营企业家。“文化遗产保护促进会”在六盘水市文化主管部门的指导下开展工作,为六盘水市非遗的抢救保护宣传呼吁,献计出力。

2.开展非物质文化遗产代表作名录申报工作

六盘水市的非遗保护工作在联席会的协调指导下进行,由六盘水市文化主管部门负责开展,到目前为止,我们在六盘水市开展了两次全市范围内的普查工作,对非物质文化遗产进行了挖掘、整理,并在普查的基础上开展各级名录公布和申报工作。

2005年在全国率先建立公布了《六盘水市首批非物质文化遗产代表作名录》,该工作受到国家文化部、贵州省政府和省文化厅的表扬。并开展了国家级、省级、市级、县级非物质文化遗产代表作名录的公布和评审工作,截至2016年,共计有六枝《梭嘎箐苗彩色服饰艺术》、盘县羊场《布依族盘歌》、水城南开苗族芦笙舞《箐鸡舞》、盘县淤泥乡《彝族山歌》、水城县《布依族服饰》5个项目进入了国家级名录;有钟山区汪家寨《彝族铃铛舞恳哈呗》、盘县老厂《土法造纸》、坪地《彝族婚嫁习俗》、马场《苗族采花节》等27个项目进入了省级名录;公布了108项市级非遗项目、210项县级名录;同期还开展了各级代表性传承人的申报和公布工作,截至2017年,布依盘歌传承人吴庭贵、箐苗彩染服饰传承人熊光珍两人列入国家级项目代表性传承人名单、有王兴洪等16名传承人列入省级项目代表性传承人名单、公布了69名市级代表性传承人。

3.加快非物质文化遗产的挖掘、整理与研究的步伐

近年来,非遗工作致力于通过多渠道争取经费用于六盘水市非遗的挖掘、整理、出版与研究工作。目前已有《六盘水市彝族、苗族、布依族、仡佬族婚俗文化研究》《夜郎腹地民族村落调查》《盘县马场花苗支系民族器乐调查与研究》等项目在进一步的实施中。另外,整理出版了《撵虎夺亲》《德芳少爷,何班小姐》(布依族叙事长诗)、《居都仡佬族文化研究》《盘县羊场布依族盘歌》《芦笙王张文友》《六盘水布依族民间故事》《居都仡佬族文化研究》《六盘水市民族志》《坚守与纪录》等近40部整理专著出版,拍摄并公开发行《省级非物质文化遗产宣传资料片》《六盘水市民族魂与非物质文化遗产纪录片》。

4.加强非物质文化遗产的传承和弘扬工作

(1)民族民间传统文化进校园工作。组织非遗工作者进校园,不定期到六盘水市师专、市委党校等高校举办"六盘水地域风情文化介绍""民族民间文化的抢救保护与开发利用"等讲座,水城县青林乡海发村、陡箐乡坪箐村等少数民族乡镇的部分小学开设了双语教学班,并将芦笙歌舞引入课堂了。六盘水市民族中学开办了芦笙歌舞培训班、水城县文化请客部门也在部分少数民族聚居村寨开办农民画培训班等。

(2)复兴民间传统节日。通过各级政府的积极扶持、科学引导,六盘水市的各民族传统节日得到了复兴。较有影响并已形成一定规模的有"水城南开三口塘苗族跳花节""水城玉舍海坪彝族火把节""水城陡箐端午节对歌会",六枝落别、陇脚等乡镇的"六月六布依族歌舞节",盘县各乡镇间轮流举办的"彝族火把节",钟山区月照乡的"四月八跳花节"等。

(3)举办演展活动。以发掘六盘水市境内世居民族原生态优秀传统文化表现形式为目的宗旨的各类演出、展览、比赛逐步推开。先后成功举办或承办了"中国贵州首届彝族民间文化艺术节""多彩贵州能工巧匠大赛'六盘水赛区选拔赛'"等多项活动,并组织每两年一次的"六盘水市少数民族文艺会演"及每两年一届的"全市文艺会演"、水城县南开乡的芦笙舞大赛、盘县的《盘州神韵》,在这一系列的演展活动中,一方面,发现了身怀绝技的民间艺人,发现了手工技艺绝活、原始古朴的音乐曲调、歌舞等古朴的文化表现形式;另一方面,演展活动导向性地成了宣传非遗保护的窗口和载体。

(4)规划建设非物质文化遗产保护点和生态园项目。建设传统文化表现形式的载体空间。建设水城玉舍海坪彝族文化园、六枝陇脚布依族生态园、钟山区月照乡马坝村、水城县南开乡苗族文化园、盘县彝族文化园、六枝布依族文化园、六枝梭戛苗族文化园等文化生态保护区。

(5)成立民族文化文艺团体。已经在六盘水市成立了一批民族民间文艺团体,其中较有代表的有南开乡小花苗芦笙表演队、青林乡海发村的小花苗芦笙表演队、月照乡马坝村歌舞队、钟山区新华村银铛舞表演队、大湾彝族歌舞表演队、海坪彝族歌舞表演队等10余家。为六盘水市非遗进一步的宣传和打造提供了平台。

5.强化六盘水市非物质文化遗产的传播及交流

(1)积极引进非物质文化遗产进校园等。目前有多个项目引进校园,分别是六枝特区梭戛乡将箐苗服饰艺术、布依族姊妹箫演奏艺术、苗族三眼箫演奏艺术引进校园,传承人不定期进课堂讲授项目的基本知识;水城县青林乡海发村、陡箐乡坪箐村等少数民族乡镇的部分小学都开设了双语教学班,将芦笙歌舞引入课堂;钟山区文体广电局将苗族芦笙舞作为德坞中心学校学习选修科目,并在学校设立民族文化办公室,主要传承苗族文化;盘县将传承人请进校园,成功将布依族盘歌、彝族搭体舞、彝族民歌、彝族海马舞、老厂造纸工艺、剪纸艺术项目作为校园兴趣爱好班的主要选修内容;六盘水市民族中学开办了芦笙歌舞培训班。

(2)加大非物质文化遗产宣传展示力度。为了让传承人能够更好地展现非物质文化遗产,使非遗更能走进社会、走进生活,长期以来,六盘水市致力于非遗的宣传和展示,特别是近年来,通过各种方式,为传承人提供展示展演平台,六盘水市的传承人(民间艺人或能工巧匠)及民族文艺队伍参加全国、全省的比赛及活动中均有很好表现。如六枝特区梭戛苗族歌舞《果山果者》、盘县《彝族歌舞组合》获得多彩贵州比赛银瀑奖;六枝特区布依族姊妹箫演奏、盘县唢呐演奏在贵州省器乐比赛中均获二等奖;在2011年全国第九届少数民族传统体育运动会上,六盘水市组织了300余人的传承人(民间艺人或能工巧匠)及民族文艺团队参加了非遗展示活动;2013年组织苗族芦笙舞参加中央电视台举办的全国少儿节目比赛获一等奖;2015年组织参加贵州省群星奖比赛,推荐的以民族文化元素为题材的7个表演节目均获三等奖;2016年组织彝族山歌参加贵州省民歌展演。2017年组织传承人参加贵州省文化厅赴马耳他的展演等,极大地使六盘水市的城市名片得以打造,近年来组织各县区参加贵州省举办的"多彩贵州·非遗周末聚"专场演出和文旅推荐,更是全面展示了六盘水市非遗保护成果。

6.强化非物质文化遗产生产性保护工作

六盘水市共有非物质文化遗产生产性保护作坊或工作室105家,其中,从事旅游商品生产开发的9家、从事民族服饰生产和加工的有20家、从事刺绣生产的有18家、从事竹编的1家、从事手工艺品生产的有8家、从事传统食品生产的有4家、从事传统美术产业开发和生产的有13家,其他的有22家,其中规模较大的有:盘县彝族水拌酒厂、盘县火腿厂、盘县淤泥艺胜彝族商品责任有限公司、水城县农民画生产基地、钟山区苗族蜡染及蜡画生产基地、六枝毛口布依服饰制作基地等6家。

在105家文化遗产生产性保护作坊中，具彝族、苗族、布依族文化元素的生产基地61家，占总数的64.8%。

7.做好顶层设计，完善政策法规建设

六盘水市启动非遗保护工作后，不断加强非物质文化遗产政策的完善，使非遗保护工作得以有章可依、有法可循，先后制定和出台了《关于印发六盘水市非物质文化遗产代表作名录项目申报评审管理暂行办法和六盘水市非物质文化遗产保护工作联席会议制度的通知》（市府办发〔2007〕90号）、《六盘水市非物质文化遗产代表性传承人扶持实施方案》《六盘水市非物质文化遗产项目传习所建设实施方案》（市府办函〔2014〕39号）、出台《六盘水市非物质文化遗产保护管理办法》（市府办发【2016】40号）。

政策的出台，极大地推动了六盘水市非物质文化遗产保护工作更加规范有序。

三、六盘水市非物质文化遗产与文化精准扶贫

自2013年11月，习近平总书记在湖南湘西考察做出“精准扶贫”的指示后，各省市州县、各行各业围绕2020年实现全面小康的目标，开展了如火如荼的精准脱贫攻坚工作。贵州是全国扶贫攻坚的主战场，伴随着“大扶贫、大数据、大生态”战略和多彩贵州民族文化强省建设工程的实施，文化精准扶贫也在强有力的推进。一方面，及时出台了《贵州省非物质文化遗产保护发展规划》《贵州省宣传文化系统助推扶贫攻坚行动计划》《文化产业扶贫“千村计划”实施方案》等指导性文件；另一方面，贵州省实施了“以大文化助推大扶贫”战略，开展了非遗传承人培训“十百千万”工程、文化产业扶贫“千村计划”、精准扶贫项目“文化+”等系列行动，在文化育民、文化励民、文化惠民、文化富民等方面产生产生了积极的影响。

在贵州文化精准扶贫上述大背景下，六盘水市通过“五个一”的建立。大力开展了非遗助推精准扶贫工作。

一个文化书院就是一个精神家园。在广大农村，村民业余文化生活缺乏，村民农闲时主要以喝酒取乐为主，等、靠、要，争当贫困户思想拖住了脱贫步伐。六盘水市结合农村实际，开展村文化书院筹建，配送实用图书，使文化书院不但成为农闲时分村民休闲娱乐的新去处，更有村民在这里发现致富新门路。村民思想从“被动帮扶”到“主动脱贫”转变，“文化扶志”在扶贫攻坚战中发挥重要作用，极大增强了村民脱贫致富的信心。

一支民俗队伍带动一片村民脱贫。盘州市乌蒙镇水塘村旅游和民族文化资源

丰富，六盘水市广泛开展农村民俗表演合作社，组建文艺演艺队伍，实行演出薪金+收益分红，有演艺技能的村民通过“三股”（技能股、资金股、资产股）入股合作社，参与景区民族文艺演出、庆典及乡邻村寨红白喜事演出等产生收益。

一项民俗活动树立民族文化自信。非遗是民族文化的核心和灵魂，着力挖掘民族内涵，丰富布依民俗活动内容，以民族节目活动为抓手，举行独具民族特色的民族节目活动，有力地推动了全域旅游、全民旅游，助推乡村旅游，增进了民族团结，增强了民族文化自信，展示了丰富多彩的人文资源和乡村魅力，带动精准扶贫。

一个民族文化产品就是一条致富途径。传统手工技艺是各民族共同保持最为丰富的非物质文化遗产，六盘水市广泛开展“民企护遗”工作，改动社会力量参与到非物质文化遗产保护工作中来，以之为基础，带动贫困人口参与到企业管理、生产、销售中来，每个品牌都有一个创业带头人，每个品牌都带动一批贫困户脱贫致富，努力走出一条具有凉都特色的文化助推精准扶贫新路子。

一项文化遗产孕育一项文化产业。建立基地，助推扶贫是六盘水市在非物质文化遗产保护工作中总结的一个新方法，以钟山区马坝村苗族蜡染蜡画生产性保护基地为例，就是以有年仅 26 岁的市级传承人熊兆美为抓手，让苗族的文化通过蜡画来传承下去、传播开来的同时，让她牵头成立的“兆美工作合作社”并在各个极贫村举办蜡染培训班，培训苗族妇女，通过这种方式，带动她们脱贫致富，在兆美工作合作社的带动下，村里已经有了近 20 家蜡画、蜡染、刺绣等专业合作社，直接从业人员近百人，形成了初具规模的蜡画生产基地。六盘水市现在已经建立类似的基地（合作社）数十家，极大地推动了当地扶贫工作。

四、六盘水市非物质文化遗产保护的路径

（一）深化非物质文化遗产摸底调查，建设六盘水市非物质文化遗产数据库

市、县、乡、村四级联动，开展非物质文化遗产资源深度调查，以专家、传承人为主，对名录保护工作进行复查验收，摸清传承现状和发展脉络，做好新发现和消失的非物质文化遗产的登记，抢救整理一批代表性的非物质文化遗产。研究整理深度调查成果，编撰信息可靠、资料翔实、质量较高的调查研究报告、传承人口述史。对濒危、已消失的非物质文化遗产资源和代表性国家级项目，实施人文生态和文化形态的普查调研和抢救性收集整理。对非物质文化遗产资源进行文字、图片、音频、视频资料数据全程、全景式收集整理。

（二）对非物质文化遗产实施整体性保护和生产性保护

（1）以活态保护为核心、完整保护非物质文化遗产生存土壤和条件为目的开展整体性保护。加快推进“传统村落”申报和保护工作，确定一批特色民族村落，

划定保护红线，制定保护规划方案，防止开发性破坏。通过“传统村落”保护和申报工作推进非物质文化遗产的保护发展工作。

（2）构建六盘水市非物质文化遗产展演平台和宣传阵地。依托六盘水市美术馆、六盘水市博物馆等单位和场所，开辟非物质文化遗产展览厅（室）作为非物质文化遗产展演、培训基地。同时推进非物质文化遗产的场所建设工作，支持对跳花场、花坡、花房、对歌场、芦笙坪等集会场所的建设和保护。

（3）开展六盘水市文化生态保护区的建设工作。推进六盘水市文化生态保护区建设工作，在生态文化遗产丰富、保持较完整的区域，建设一批生态文化保护区，维护生态文化多样化。

（4）加强非物质文化遗产生产性保护。建设一批市级非物质文化遗产保护基地。支持和鼓励国家级和省级非物质文化遗产生产性保护基地申报，加快非物质文化遗产生产性保护基地建设。

（三）培养非物质文化遗产保护人才队伍

（1）建立科学规范的传承体系。非物质文化遗产一般以口传身授的方式在民间流传，其传承方式有家族传承、职业传承、地缘传承等传承方式。在鼓励和扶持其原有传承方式的同时，在六盘水师范学院开设民族文化特色课程，形成规范、系统、科学的教学方案，以丰富非物质文化遗产的传承方式。

（2）壮大非物质文化遗产传承队伍。加大国家级、省级传承人申报力度，力争每个国家级、省级项目都有对应的传承人。优化传承人年龄结构，增大中青年传承人比例，使传承人队伍形成梯次配备。

（3）分类实施非物质文化遗产传承人名号终身享有制与动态管理制相结合，健全和完善非物质文化遗产传承人动态管理、进退机制和保护激励机制。按照国家、省、市有关规定和程序，将命名表彰民间艺术家、优秀民间艺术工作者等纳入相应表彰奖励项目。鼓励民间艺人、民间团体在六盘水市各地开办非物质文化遗产传习机构，开展非物质文化遗产传承传习活动。

（4）大力开展非物质文化遗产进校园活动，普及非物质文化遗产知识教育，提高全民保护意识。把非物质文化教育纳入日常教学活动中，纳入素质教育的内容。鼓励因地制宜编撰乡土教材文化读本。

（5）加强民族语言文字系统保护，更好地发挥文化传承重要载体作用。鼓励和支持在生产生活中使用民族语言，继续深入开展民族地区双语教育和双语教学工作，以保护少数民族语言文字，重视民族古籍文献的抢救整理和文献价值挖掘，培养能识、能记、能创的民族传统口头文学传承人、民族古籍传承人，为建设六盘水市博物馆及六盘水市非物质文化遗产专题博物馆提供文化支撑。

(6)建立非物质文化遗产保护的高素质工作团队。加强非物质文化遗产保护工作者在职进修和培训。在专家学者、非物质文化遗产传承人、非物质文化遗产保护工作者等专业人才中,组建一批知晓非物质文化遗产传承规律和需求、懂专业、善管理、实干敬业、结构合理的高素质非物质文化遗产保护工作团队。

(四)开展非物质文化遗产保护理论研究,加强研究成果的形成及推广工作

(1)加强对非物质文化遗产认定、保存、利用、传播及贡献率研究。引进和鼓励更多专家、学者对非物质文化遗产保护发展研究、探索和指导,为科学保护非物质文化遗产提供决策参考和智力支持。

(2)健全非物质文化遗产保护发展研究体系。发挥从事非物质文化遗产研究的机构的优势,推进非物质文化遗产保护发展研究体系的完善。

(五)合理利用非物质文化遗产,促进文化产业和旅游业的发展

(1)促进非物质文化遗产保护传承与旅游发展相结合,充分挖掘民族文化多样性。在旅游发展中提升文化品位,拓展文化内涵。在旅游线路、景区增设非物质文化遗产原生态文化展示区、生态博物馆等。根据景区所在地的非物质文化遗产主题,配套、完善周边相应基础设施,形成各具特色的非物质文化遗产旅游区。

(2)促进非物质文化遗产合理利用与文化产业协调发展。大力发展布依族、苗族、彝族民族服饰加工,农民画培训、苗族、彝族等民族医药及将生产生活用具的提炼成手工制品、纪念品等非物质文化遗产衍生品,支持非物质文化遗产衍生品项目进行产业化生产,建设种形式的民族风情园区,强化民族文化产品的创作和销售渠道。

(3)促进非物质文化遗产保护融入传统村落保护和“四在农家·美丽乡村”建设。加快推进“传统村落”的申报与保护工作,更好地促进非物质文化遗产的传承与发展。利用多彩贵州旅游商品等大赛平台,激励传承人、工艺大师提高技能,发现和培育更多有发展潜力的传承人、工艺大师,推出一批绣娘、歌师、舞队等,带动当地经济发展,促进农村经济的多样性及可持续发展。

(六)推动非物质文化遗产精品创作

推出一批六盘水市传统音乐、舞蹈、戏曲、杂技等非物质文化遗产演艺精品,并在此基础上整合、提炼出一张六盘水市文化名片。推出一批以六盘水市传统口头文学故事、民间传说、代表性人物为题材的歌舞剧、电影和电视剧。

推出六盘水市非物质文化遗产专著和系列丛书,编辑出版一批代表性的少数民族民间文学、传统音乐、传统舞蹈、传统戏剧、曲艺,传统体育、游艺与杂技,传统美术、传统技艺、传统医药、民俗等方面的书籍和宣传品,编辑出版非物质文化遗产项目的口述史、调查报告、田野笔记、学术论文、研究论著等。

（七）开展非物质文化遗产系列活动及品牌创建

（1）进一步丰富"中国凉都"品牌内涵，打造"千节之城"，利用消夏文化节加大传播力度，形成特色文化品牌。在尊重民间信仰和非物质文化遗产内涵基础上，弘扬六盘水市民族节庆，助推旅游发展，以形成区域内知名的原生态民族节庆品牌。

（2）强化知识产权的保护和运用。利用知识产权法律制度保护非物质文化遗产，加强非物质文化遗产产品创新作品的版权保护，促进非物质文化遗产作品的生产性转化，加大非物质文化遗产衍生产品的版权、商标保护力度，形成一批拥有自主知识产权的非物质文化遗产知名品牌。

（八）建设非物质文化遗产展示交流平台

（1）强化非物质文化遗产基础设施建设。加快"中国凉都"品牌建设和营销。积极规划建设非物质文化遗产展示馆、非物质文化遗产网站等，利用铁路、航空等交通服务工具及设施，展示六盘水市多彩的民族文化和特色非物质文化遗产。组织传承人、民间艺术表演队伍参与国内外文化交流活动。

（2）加大非物质文化遗产宣传力度。电视台分期、分主题宣传非物质文化遗产，在广播电视台增设非物质文化遗产传统音乐播放和介绍节目。在公共场所播放非物质文化遗产传统音乐和包含传统音乐元素的作品，强力推介非物质文化遗产精品。

（3）开展民族民间工艺品深加工，大力加强民间特色商品的网络贸易。利用民间工艺品产业园区和相关展销会、博览会，以及现代商业网络系统，加大非物质文化遗产民间工艺品的深加工和销售。

目录 CONTENTS

卷一 民间文学

卷二 传统音乐

卷三 传统舞蹈

卷四　传统美术

卷五　传统技艺

卷六　民　俗

附　录

卷一 民间文学

国家级非物质文化遗产

布依族盘歌

布依族盘歌是一部古老的布依族口传史诗，流传于贵州六盘水市盘县羊场布依族白族苗族乡布依族中，是用原生态布依语创作、演唱的。该盘歌伴随着布依族的产生、繁衍、发展并逐步完善，历史悠久，传承至今，由一代代布依族民间歌手不断创作积累而成，是布依族人民集体智慧的结晶。羊场布依族盘歌以布依族的民族起源、发展、变更、迁徙为历史线索，记录了布依族的重大事件、重大活动、英雄人物，以及布依族聚居区域的自然景观、人文景观、风土人情、婚嫁习俗、道德标准、生产商贸等，内容丰富，涉及面宽。布依族盘歌的即兴特点尤为突出，常在非固定时间、场合进行口头演唱，是保存至今的一种鲜活的布依族传统文化，有着十分珍贵的民间文学价值，对人类学、民族学、民俗学等领域的研究有着不可估量的价值。

羊场布依族白族苗族乡位于盘县东北部，群山林立，纵横交错，距盘县城关镇42公里，距盘县政府所在地红果72公里，距松河编组站45公里，总面积112平方公里，东与普安县窝沿乡隔河相望，西与淤泥乡接壤，北与保基乡相依，南与旧营乡相邻。水盘东线横穿中部，羊洒公路、英柏公路从境内经过。现辖16个行政村，235个村民组，149个自然村寨，居住着布依族、白族、苗族、彝族、汉族等民族8681户，36912人。少数民族15071人，占总人口的40.83%。其中，布依族4536人，白族4037人，苗族3811人，彝族2667人。

羊场布依族白族苗族乡境内冬无严寒，夏无酷暑，四季分明，气候宜人，阳光充足，生物资源丰富，农副产品种类繁多，是周边乡镇的农产品集散地和文化交流中心，现全乡共有耕地面积1560.2公顷。最高海拔2053米，最低河谷海拔968米，年平均气温15℃，雨量充沛，年降雨量1300毫米左右，无霜期260天以上。全乡森林覆盖率达27.5%，农业方面主要以生产玉米、水稻、小麦为主，形成稳定的粮食、经果林木、畜牧业，羊场布依族白族苗族乡境内矿产资源丰富，经济较为发达，产业化发展格局合理。全乡民族文化丰富多彩，非物质文化较为丰富，素有“木叶之乡”的美称。

布依语口传叙事长诗布依族盘歌流传于贵州省六盘水市盘县羊场布依族白族苗族乡布依族地区，以及水城县、六枝特区和黔西南州普安、晴隆等县布依族地区，根据地理位置、土语及服饰的差异，布依族盘歌的风格可分为南北两个谱调：北部谱调分布在六盘水市的盘县羊场布依族白族苗族乡、水城县的花戛乡、米萝乡和六枝特区毛口乡等；南部谱调分布在普安县高棉乡、晴隆县中吟镇等。两个谱调的布依族盘歌大同小异。

口传布依族盘歌自春秋战国时期以来就流传于北盘江流域的布依村寨，历史悠久，其真正起源已经无法考究。

演奏布依族盘歌（周友武　摄）

布依族盘歌的唱词里提到如下历史事实：布依族很早就生活在南北盘江流域。布依族来源于古代百越人的骆越一支。春秋战国时期，骆越人属牂牁国的臣民，布依族至今仍保存古骆越人的许多生活习俗和文化特征。布依族聚居区仍沿袭古骆越人居住的“‘干栏”式建筑，即今所称“吊脚楼”及其演变的“地楼”“半边楼”。布依族贵铜鼓，也是古骆越人的文化特征。布依语同骆越语相近。关于布依族的族称，秦以前称“濮越”，两汉六朝称“濮僚”，唐宋元代被称为“蛮”“番”；明清至民国末年被称为“仲家”。自《元史》首称“仲家”后，明清有的史籍称布依族为“仲苗”“仲蛮”和“古仲”，民国年间，布依族还被称为“夷家”“夷族”“水家”“水户”“土边”等。但布依族始终按照古老的族称自称为“濮越”（依）、“濮僚”（饶）和“濮俚”，中华人民共和国成立后，党和国家尊重民族意愿，在1953年冬召开的布依族代表人士协商统一民族名称的会议上，取消了“水户”“夷家”“土边”等不是布依族自称的称谓，根据布依族自称的历史，以“濮”与“布”、“越”“俚”与“依”读音相近，统一用“布依”为族称，正本清源，恢复了布依族族称的本来面目。由此可见，布依族盘歌是布依族人民记载民族历史的重要载体，是一部精美的布依族史诗。

布依族盘歌千百年来一直以布依语传播，并随着历史的演进而不断更新。由于布依族的古文字已经失传，没有留下各个历史阶段关于布依族盘歌的记载，除布依族外，几乎没有其他民族的人知道布依族盘歌的存在，更无人了解它独特的魅力和宝贵的研究价值。

目前，布依村寨中能够完整唱出布依族盘歌的人已经屈指可数，布依族盘歌濒临消亡，如果不加以收集整理并培养传承人，布依族的这部史诗不久将灭绝于世。

布依族盘歌是用原生态布依语创作的，一直用布依语传唱。劝导布依群众积德行善、发展生产，激发布依群众创造美好生活的信心，通过对历史故事叙述和评价，教育布依群众弘扬“爱国守法、明礼诚信、团结友善、勤俭自强、敬业奉献”的道德风尚。

祭山时的布依族盘歌（周友武　摄）

布依族盘歌内容丰富，主题鲜明，思想深邃，是布依族一本无字的百科全书。布依族盘歌内容涉及经济、政治、文化、社会、历史、道德、法律、民俗、宗教等众多领域，甚至对布依族特有的心理特征和情感倾向都有生动描述。根据内容来分，布依族盘歌大致分为古歌类、祭祀仪式类、婚庆仪式类、生产生活类、社交礼仪类、生产商贸类、叙事歌类、酒歌类、情歌类 9 个类别。

国家级传承人吴庭贵教授布依族盘歌(谢丽红　摄)

布依族盘歌可以清唱,也可以用乐器伴奏演唱。有的是演唱者边唱边奏;也有的是一人演唱,多人用乐器伴奏。用于伴奏的乐器有如下。

(1)月琴:布依语称“的弹”,设11或12个品位。弹奏时不用弹片,直接用手指弹拨。

(2)竹笛:分大、中、小(即高、中、低音)三种。笛膜孔有6个按孔和1个吹孔。

(3)萧筒:一种吹奏乐器。流行于云南省、贵州省的布依族、苗族、彝族地区。用小竹制成,全长30~40厘米,竹管上开有5~7个按音孔,萧筒顶端堵一木塞;在木塞的后部开一出音孔。声色轻柔,用于日常娱乐生活。

(4)木叶:常用樟木叶、栋青叶吹曲调,声音清脆悠扬。柔软、薄、光滑的叶子都可用来吹奏。另有刺鼓、二胡、铙、钗等四种乐器,这些乐器可以单独伴奏,也可以合奏。

木叶演奏(谢丽红　摄)

布依族盘歌的主要特征:第一,布依族盘歌是布依人民千锤百炼而流传下来的集体创作的结晶,具有广泛的群众性和民间传承性。布依族盘歌如流水般在布依人民的口头中一代又一代地流传至今,是一支永远也唱不完的集人

婚俗中的布依族盘歌(周友武 摄)

类起源、布依族源、生产劳作、待人接物、伦理道德、婚嫁建房、丧葬祭祀等丰富内容的叙事长歌。在长期的口头流传过程中,每一位布依族群众都是歌手,大家在劳动中传唱,在生活中传唱,在节日中传唱,形成了多种版本的布依族盘歌。一般来说,毕摩、婚媒等在婚嫁、祭祀、葬仪等活动中有较为规范的唱法。第二,布依族盘歌塑造出了布依族群众的象征形象。在布依族人民长期的口头传说中,既刻画了民族英雄人物——强悍、勇敢、智慧的阿诚,又刻画了民族的美神——善良、勤劳、美丽的菊桂,还歌颂了耿直、老实、孝顺的阿庚,表现出布依族群众“断得弯不得”的民族性格和精神特征。第三,用布依语传唱,是布依族盘歌传承的基本特征之一。作为叙事长诗,布依族盘歌应该是朗读形式,但实际上更多的时候还是演唱。用于演唱布依族盘歌的曲调有许多种,不同年龄、不同性别、不同区域的人在演唱不同段落时各自选用相应的曲调。布依族盘歌可以独唱;也可以对唱;还可以一人领唱,众人合唱,领唱者唱诗词内容,众人唱衬词。大多采用“喜调”“老人调”“悲调”等叙事调传唱。第四,没有固定的演唱时间和场合。布依族盘歌的演唱场合不固定,只要高兴就可以随时演唱,姑娘们绣花时唱,小伙子们劳动时唱,青年男女相会时唱,老人们喝酒时唱。然而,最盛行、最传统的演唱场所是在婚礼上。新婚的头一天晚上,新郎家要请两位“报松”和一位“亚松”(“报松”“亚松”是专门为新郎迎娶新娘的歌手)到新娘家,新娘一方派出最优秀的歌手展开演唱布依族盘歌的对抗赛,给婚礼增添喜庆。在布依族的传统节日中,歌手们也会唱起布依族盘歌,以渲染节日气氛。

布依族盘歌具有重要的价值。①珍贵的民间文学价值。布依族盘歌是生长于

田间地头的布依族盘歌(周友武　摄)

布依族地区并深深扎根于民间,富有地方特色和民族特色的文学作品,对布依叙事诗的形成与发展有着重大的影响。自布依族盘歌成形后,后人借鉴其创作手法创作了《孤儿苦》《育儿情》等叙事长诗,有明显模仿前者的痕迹,可见布依族盘歌对布依叙事诗的形成与发展有着深远的影响。作为古老文学作品的布依族盘歌,在叙事方法上采用了顺叙、倒叙、插叙、叠叙等;在描写手法上使用了肖像描写、语言描写、行为描写、心理描写等;在构思技巧上使用了伏笔、夸张、讽刺等;在修辞艺术上使用了谐音、顶针、粘连、比喻等,需要说明的是,谐音修辞是布依人独有的,而部分谐音修辞方法还是布依族盘歌独有的(在遥远的年代,布依族先民就能综合运用多种艺术手法打造古老的文学作品,这在世界上也是罕见的)。布依族盘歌能配以多种曲调,用多种乐器伴奏演唱,比一般的叙事诗赋予了更多的文化内涵。②人类学、民族学、民俗学价值。布依族盘歌是布依族传统文化的突出表现形式,寓含布依人的精神、信仰、价值取向,涉及布依族历史、伦理、民俗、自然和衣食住行等方方面面,具有人类学、民族学、民俗学研究的特殊价值。最值得敬佩的是,布依族盘歌表现了布依族族群众万物有灵、生命神圣、众生平等、人与自然共生共荣的哲学思想。③布依族盘歌植根于布依族群体的文化传统或文化历史之中,在该民族群体中起着文化身份的作用,已成为布依族的一张有代表性的“名片”。布依族盘歌所倡导的尊老爱幼、邻里和睦、勤劳节俭、知恩图报、人与自然和谐相处的理念,对于加强民族团结、构建和谐社会起到了重要的积极作用。④布依族盘歌是现存的一种鲜活的布依族传统文化,在当今人际、族际交流中具有广泛的教育和指导意义,可见布依族盘歌在现代社会仍会继续传承布依族人好客、友善的优良传统。

省级非物质文化遗产

苗族民间故事

在漫长的历史发展中，苗族人民代代相承，口耳相传，不断发展，创造出了丰富多彩的民间故事和传说，多元地反映了自身民族的生活习俗以及憎爱希冀、念祖爱祖的情结等，具有重要的社会价值和研究价值。

陡箐大花苗的传统服饰
（高昌烈　摄）

居住在水城县陡箐乡坪箐村的"大花苗"支系是县境内唯一一个人口较少、传统文化较为独特古老的"西部方言苗族"支系。其民间故事传承久远、原始，具有与"东部方言苗族""中部方言苗族"及"西部方言苗族"等其他支系完全不同的内容和特色。如关于开天辟地的神话——《太阳月亮怎样来的》、关于自然天象的传说——《"闪谷包"的来历》、动物故事《小黄麂和豹子》、生活幻想故事《担莫早斗虎》，以及机智人物故事《阿奴堵换妻》等，从中就可窥见当地苗族怎样从历史走来，怎样"开黑洋大箐"（开：建设），怎样和恶劣的环境进行不屈的抗争等。苗族民间故事为人们充分认识"西部方言苗族"不平凡的艰辛生存发展历程洞开了一道五彩斑斓的窗口。

水城县陡箐乡坪箐村民居（董成　摄）

水城县陡箐乡坪箐村系苗族"大花苗"支系，不分男女老幼，皆饰红、黑、白、三色毛麻混编机织大花披肩，这种大花披肩俗称"大花背"，"大花苗"即由此得名。聚居村、寨距贵昆铁路运输茨冲站10公里，离贵烟公路8公里。有乡村公路直通村内。坪箐村地处高原山区，总面积32平方公里，平均海拔1900米，年平均气温18℃。村有耕地650亩，灌木林7300余亩。自然生长的刺竹和人工栽培的筋竹与各色杜鹃连绵近千亩，形成数公里的花竹长廊。山林间盛产野党参、天麻、龙胆草、黄姜、一朵云等药材和山鸡、野兔等动物。山中有自然水塘、山泉、水源充足，森林覆盖率达30%以上。

工作人员收集苗族民间故事（高昌烈　摄）

全村辖6个村民组，共146户，521人。其中苗族130户，457人，有张、王、祝、罗、陶等姓氏。据最早迁来的王姓老人讲，其祖上系清中期从威宁迁来，至少已传7代。该村历史上人口时聚时迁，变动较大，1949年后时趋稳定。该村系市境内最为集中的“大花苗”支系村寨，语言为滇黔之滇东北方言第一土语系，信仰基督教。村中男子多善射弩，其制作的弩造型美、弹力强、射程远而准，远近闻名。

“大花苗”支系是水城境内苗族中较少的一个支系。主要居住在水城、六枝的部分边远高寒山区，以水城县陡箐乡最为集中，人口最多。

水城县陡箐乡坪箐村苗族劳动之后讲故事（李荔　摄）

坪箐苗族“大花苗”支系民间故事古老原始，较为集中地记录了苗族多灾多难的迁徙历史和不屈不挠的生存奋斗精神。其内容包括历史神话、天文地理、人物风情、山川洞府、鸟兽虫鱼、花木草果、民风民族等众多方面。其中较有代表性的民间故事包括：历史神话方面的《太阳和月亮是怎样来的》《“闪谷包”的来历》；人物风情方面的《小黄麂和豹子》《老变婆》；山川洞府方面的《芦苇冲》及大量的生活幻想故事《莫嘎都和莫各斗彩》《虎妻》等。其中尤以众多反映人与虎的冲突关系的故事内容最具特色，也最为精彩。从中我们可以看到，苗族先民们怎样在“黑洋大箐”中与恶劣环境进行抗争与搏斗，与迁徙过程中寻找落业之地的苦难与奋发，以及开发新家园的过程中克服艰难、坚韧不拔。

演示苗族民间故事情节（高昌烈　摄）

除已零星搜整理并公发开表过的部分故事外，坪箐苗族“大花苗”支系中大量相关内容的民间故事尚待系统收集整理，一些故事尚有进一步还原与完善的空间。

已整理出版的苗族民间故事集（高昌烈　摄）

主要特征：①坪箐苗族“大花苗”支系民间故事主要在支系族属内世代口头承传，自成风格，具有古老、原始、与众不同的民族支系特色。②内容涉及历史神话、生活幻想、鬼神妖怪、生活故事、民风民俗等各方面。其中，大量故事反映人与虎的冲突，故事篇幅较多、较为曲折地反映了该民族与恶劣生存环境的不懈努力与抗争。③大多数故事内容想象奇特丰富，情节跌宕生动。部分故事可用古歌、酒令演唱，亦有与其他支系或民族相互影响共生的传说和故事等。苗族民间故事独特性和广泛性相融合，具有多样性特点。

重要价值：①坪箐苗族“大花苗”支系民间故事传承久远，具有明显的民族支系“原生态”特色。故事记录了苗族人民对宇宙万物的理解，对生命价值的认识，以及在不断迁徙寻找新家园过程中的努力与抗争，直接地反映了该民族传统历史文化面貌，具有重要的民族历史文化研究价值。②不少传统故事可用古歌、酒令演

苗族民间故事的传承人们经常在一起交流(高昌烈 摄)

唱,更加丰富了其具体表现形式,同时也拓展了文学艺术研究价值的传播空间。具有进一步系统搜集、保存、抢救的必要性。③其丰富的内容和生动的情节,使其更具艺术感染力,从中可看到苗族人民不尽的智慧和无穷的创造。对于一个缺少本民族文字的民族来说,这些口传的民间文学作品更显弥足珍贵。其存在与传承的价值对于准系民族文化的发展尤为重要。

市级苗族民间故事传承人王明成在唱古歌、讲故事(李荔 摄)

彝族古歌

彝族古歌是古代彝族先民在长期的生产劳动中创造出来的精神财富和重要文化遗产，是彝族人民智慧的结晶。它是以传唱的方式流传下来的一种民间口头文学，形成于春秋战国时期，伴随着彝族的产生、繁衍、发展而逐步丰富起来，是彝族人民集体智慧的结晶。它保存了完整的彝族原生态口承活态文化体系，展现了广大彝族同胞在生产、生活中的思想感情；同时，它还展现了彝族人民与自然共存共荣和谐发展的哲学思想。

盘县彝族古歌主要流传于贵州省六盘水市盘县北部彝族地区的普古乡、淤泥乡、鸡场坪乡、坪地乡、四格乡等彝族聚居的乡镇。在这些区域聚居的彝族同胞大多居住在气候温和、降水充沛的半坡地带，少数居住在河谷坝子或高寒山区，聚居区有成片的草坡和山地，农牧业较为发达，矿产资源丰富，煤炭藏量大，同时这些地区彝族的民族民间文化保存最为完整，是贵州彝族文化表现的重要区域。

彝族古歌一般采用清唱的形式进行，可单唱、对唱，也可几个人合唱。唱词中运用了大量的比、拟、兴等修饰手法。古歌多采用五言句古彝语吟唱，若干句为一节，三节（段）诗为一首。涉及彝族的起源、爱情、婚嫁、丧葬、生活环境等诸多方面的内容，以唱古民歌、婚仪歌（酒令歌）、丧祭歌为主。古歌采用问答的方式进行（除丧祭古歌而外），具有浓郁的地方民族特色。

彝族古歌生长于彝族地区并深深扎根于民间，是极富地域特色和民族特色的文学作品，有着极高的民间文学价值。作为一种古老的文学作品，它比一般的叙事诗歌、抒情诗歌蕴含更多的文化内涵。彝族古歌是彝族人民记载民族历史和文化的重要载体，具有珍贵的文化价值和历史价值，是考察彝族起源、传统习俗、宗教信仰等传统文化的材料；同时它在民族学、哲学、文化人类学、民俗学等诸多领域也具有重要的研究价值。

盘北彝族地区位于贵州省六盘水市盘县北部，东与普安县相连，南与盘县南部接壤，西抵盘县盘关镇，北与水城县毗邻，面积 1140.47 平方公里，总人口 232703 人，其中彝族人口占总人口 28.6 %。属亚热带季风湿润气候，具有雨热同季、雨量充沛、热量足够、光照充足、农作物有效生长期较长等优越条件，主要粮食作物有荞麦、玉米、马铃薯、水稻等；主要经济作物有杉木、油菜籽、大豆、芸豆、烟叶等；现已

彝族古歌对唱(谢丽红　摄)

探明的矿产资源有煤、铁、铜、水晶石等,尤以煤最为丰富。1993 年被贵州省文化厅命名为“盘北彝族歌舞之乡”。

彝族古歌形成于春秋战国时期,它是伴随着彝族先民的产生、发展、繁荣到鼎盛而发展起来的,彝族古歌不仅是彝族意识形态领域的聚变,而且随着彝族社会的发展而渗透到彝族社会生活的各个方面,影响十分深远。彝族古歌是彝族人民认识自然、征服自然的写照,是彝族人民民间智慧、民族文学创作的源头活水。彝族古歌被称为“原生小生史诗”,呈现了彝族先民对世间万物起源的神话传说,具有很高的文学价值,保留着强烈的“源生文化”意识,其语言、修辞、风格等都为人们揭示了彝族诗歌的博大精深。

彝族古歌保存着完整的彝族活态文化体系,展现了广大彝族同胞在生产、生活中的思想感情。当地的彝族人有一个专门的传说来说明彝族古歌的成因。

彝族古歌由来的传说:据说在古代社会人多土地少,谢小宝娶了玉皇大帝的哑巴女儿。结婚后,生了 6 个子女,都不会说话。玉皇大帝就砍了三节竹子去烧炸,炸出了苗族和彝族,他们各自去成亲。彝家女儿要由自己的丈夫带到婆家,在婆家住 7 天后再回娘家,而有的则要在第二年开春的时候再回娘家,而有些不愿意回去的就编创出歌曲来诉说自己的想法。随着时间的推移、时代的变迁,他们觉得唱歌更能表达情感,于是不断编创歌曲,内容涉及彝族的起源、发展、婚嫁、丧葬、生活环境等方方面面的内容。

由此可见,彝族古歌是彝族人民记载本民族历史、文化的重要载体,是彝族人民智慧的瑰宝。从这些古歌中,我们能够清晰地看出,彝族自云南迁徙,进入贵州西部的生存状况,以及其在婚丧等民俗活动中的表现形态。

彝族古歌是古代彝族先民以古彝语传唱下来的民间口头文学,种类繁多、调式丰富,在彝族文化的历史长河中传承文明,独树一帜,总结归纳为古民歌、婚仪歌、丧祭歌三种。涉及彝族人的历史传说、生产劳动、婚丧嫁娶、生活环境、爱情故事、语言文学、民俗医学、伦理教育、科技艺术等诸多内容。通常运用在彝族人生、婚、丧等各种礼仪及日常生产生活中。在分类上,彝族古歌可有多种分类方式。

彝族古歌从内容上分主要有以下几种。

(1)古民歌:彝语称“过垛”,亦称彝族古代山歌,为玩耍娱乐之意,实为彝族民间情歌(曲谷)。古民歌一般是在夜间远离村寨的地方由男女青年对唱,其内容包罗万象,包括了山山水水、花草树木、鸟兽鱼虫等。而爱恨离合是歌唱的主题材,从男女青年相识、相恋到不能终成眷属,它表现了彝族妇女憧憬婚姻自由、反对包办婚姻的哀怨情怀,它是彝族古民歌中数量最多、内容最为丰富的部分,多采用五言句古彝语的方式进行,若干句成一节,三节为一首,采用赋、比、兴修辞手法,主要有克木克叨(男女双方初相识)、治木治叨(男女双方相爱)、非木非叨(男女双方情投意合,互定终生)三个部分。主要代表作品有《正月怕来鸟》《让妹不当嫁》《两相遇》《两相恋》等。

传唱彝族古歌(高昌烈 摄)

(2)婚仪歌(酒令歌):彝语称“录主”,是一种专用于彝族婚嫁、在彝族姑娘出嫁时由歌师吟唱的古歌。其用途专一,无他可代,多以男女对唱形式出现,但一般

传承人杜园园(左一)在教授古歌技法(谢丽红　摄)

主要以女歌师为主。歌词结构通常为五言句古彝语,以叙事为主,篇幅可长可短,内容涉及天地万物的产生、人类的起源、姓氏的由来、民族的来历等。在姑娘出嫁当晚,歌师会整晚吟唱婚仪歌,内容有《开天辟地》《洪水泛滥》等。待接亲郎来接亲时,歌词吟唱有特定的顺序:接亲郎(彝语称"楚苏",实为新郎的胞弟和男方歌师)到了女方家门前,新娘的众女伴们在歌师的带领下齐唱《咪尼窄》,稍后接着唱《谷梭》,接亲郎回唱《咪黑》,说接嫂(新娘)吟诗,说明自己的要求(此时双方对唱),场面十分有趣。通常在吟唱彝族古歌婚仪歌之时,还有舞者进行伴舞。

(3)丧祭歌:彝语称"咪摩",意为丧诗,大多用于祭祀场合。丧葬古歌一般只能在超度亡灵的丧葬活动中由男歌师独唱或合唱,有男舞者伴之。歌词多用五言句彝古语演唱,其调式悲伤,催人泪下,主要以亡者在人世间与他人的相识、相交、相处的过程为感情纽带,叙述对亡人的哀思。丧葬歌内容主要分为《区咪》,亦称《采药歌》(叙述了亡者一生的艰辛历程,即从父母恋爱结婚、生儿育女、小孩会哭会笑直至模仿大人干活、长至成人结婚;后生病,病痛中其子为他四方寻药,煎汤喂服,治疗无效病故;为灵解冤,将亡灵送归祖籍与先祖团聚的整个过程)。《母歹》亦称《铸剑史》(叙述远古彝族先民在能工巧匠的带领下,如何掌握冶炼技术、铸造刀剑的艰辛历程)。《埃补》亦称《牲谷史》(叙述彝族先民如何学会饲养牲禽和种植五谷的过程)。《买非买牙》亦称《丝绸史》(叙述远古彝族妇女纺纱织麻、缝衣织布、栽桑养蚕、纺织丝绸的过程)四个部分。丧葬古歌在吟唱时有特别的规定,吟唱者必须为男子。

(4)山歌:山歌属于休闲娱乐性歌曲,可在各类场合演唱,较为轻松随意,以对唱的形式，相互盘问，以挑逗为乐。山歌有很多种调子，歌词则是演唱者临场发挥，现对现唱。

（5）叙事歌：这类歌以记述当地重大事件、历史变迁，以及歌颂党和国家为主题的彝族民歌。

（6）劳动歌：这是彝族古歌中最为广泛、流传最多的一类，其特点是通俗易懂，随口即来，主要以农家日常的生产生活方式、劳动场景、农时节令等为题材；是用以物寓情的手法，结合男女之间的爱情而创作出来的一类歌曲，既成为联系爱情的情歌，其中又囊括了大量的日常生活信息，可以从中感受到每个地方的民族风情、风土人情。

彝族古歌从演唱场合分，又可分为室内演唱和野外演唱两种。室内演唱主要在婚嫁、丧葬、祭祀等场合，野外演唱主要在男女谈情说爱的场合。

彝族古歌按歌词结构分，通常以五言句彝古语演唱，一歌多节、一节多句，古民歌一般为若干句一节，三节诗为一首；而婚仪与丧祭古歌则是根据叙事内容的长短决定，没有固定的格式。

彝族古歌传承人在练习唱古歌（谢丽红　摄）

主要特征是：①彝族古歌是彝族人民经过长期劳动创造而流传下来的集体智慧的结晶，具有广泛的群众性和民间传承性。②用彝语传唱，是彝族古歌传承的基本特征之一，可以一人独唱、两人对唱，也可以多人齐唱。③无固定的演唱时间和场合。彝族古歌的演唱场合不固定，只要高兴就可以随时演唱，但婚丧古歌除外。④唱词中运用了大量的赋、比、拟、兴、夸张、排比等修饰手法，并且具有彝族语言特色。⑤彝族古歌是彝人传统文化的突出表现形式，寓含彝族人民的精神、信仰、价值取向，涉及彝族人的伦理、民俗、自然等方面的认知，对文化人类学、民族学、民俗等学科领域具有重要的研究价值。

重要价值有：①盘县彝族古歌是盘县彝族人记录本民族文化、传承本民族发展史的一个活载体。彝族古歌以它鲜活的形式，传承着彝族人民的语言、音乐、舞蹈等文化内容，同时也让彝族同胞记住本民族生存发展的历史。②盘县彝族古歌对研究彝族文化具有很重要的价值。③盘县彝族古歌通过对唱的形式，倡导尊老爱幼、夫妻恩爱、邻里和睦、勤劳善良、相互依存、人与自然和谐相处等理念，在当今人际、族际交流中具有广泛的教育意义，彝族人民在现代社会还继续保持着好客、友善的优良传统。对于加强民族团结，构建和谐社会都起到重要的作用。④盘县彝族古歌在歌唱艺术方面亦有独特表现，它所展现的彝族歌曲具有很高的艺术价值和研究价值。

卷二 传统音乐

国家级非物质文化遗产

彝族民歌

盘县彝族民歌(又称彝族山歌),是彝族传统文化的重要组成部分。主要流传在贵州省六盘水市盘县淤泥乡、鸡场坪乡、坪地乡、普古乡等彝族聚居区,其中以盘县淤泥乡的山歌最具有代表性。

盘县彝族山歌按内容可以分为情歌、酒歌、劳动歌、叙事歌。从演唱形式上来分有独唱、两人对唱、群体对唱,也有集体齐唱和简单的二声部合唱;演唱的时间、场合也比较自由、灵活。歌词不少也是半汉半彝的,甚至有纯汉语的;歌词结构以七言四句为多见,也有四句一问、四句一答的,曲调婉转悠扬,被当地人称为“拉山腔”。

彝族民歌对唱(谢丽红　摄)

叙事歌大都属于风俗性的彝族民歌,既可用以演唱有关创世造物、民族历史的内容,又可用于祭龙、祭山等礼仪活动。总的来说,这类民歌都有较强的叙事性,故一般结构短小,音域不宽、旋律变化也不太大。叙事歌主要以说唱的形式来介绍地方风情，记述历史传说、民间故事，是一种诗化了的口语，带有浓重的生活气息和乡土风味，也表现出其较高的概括力和艺术魅力。

山歌类民歌大都具有节奏自由、音域宽广、旋律起伏跳荡的特点，且有的曲体结构相当复杂。其中最有代表性的是红河江内彝族的“四大腔”（即海菜腔、莎莜腔、五山腔和四腔），属四种结构长大的套曲式山歌。这类结构复杂、篇幅长大的山歌，在我国民歌中亦为罕见。此外，彝族山歌的演唱形式多样，有独唱、对唱、重唱和一唱众和，或在同一首山歌中，几种演唱形式兼而有之。

在彝族民歌中，表现爱情的很多，而有的民歌则专用于男女社交这一特定场合。有的活动是传统习俗，是一种专门的社交活动。在这种场合，成对的男女青年，可以尽情对答酬唱。通常以对唱为主；对唱告一段落，再接以齐唱或集体应和。用于这种场合的民歌都以小嗓轻声吟唱，旋律委婉动听。歌词多为即兴创作，也有成套传统唱词，并大都朴素自然，形象生动。

歌师传授山歌（谢丽红　摄）

民间歌舞活动是彝族人民传统文化生活中的重要内容，通常叫作“打歌”“跌脚”“跳乐”，又因伴奏乐器不同而称为“跳芦笙”或“三步弦”“杂弦”等。这些歌舞大都采用载歌载舞形式。有的彝族民间歌舞活动常按一定顺序变化各种舞蹈，天长日久即形成按一定传统程式构成的组舞。这些舞蹈歌曲也常可离开舞蹈单独演唱。凡属舞蹈歌，大都节奏鲜明、音调明快。

在彝族民歌中，儿歌极为丰富。在过去孩子没有条件上学的年代，这些儿歌就成为向孩子们传授简单的生活、生产知识的教科书。内容带有一定的故事情节，语言生动风趣，曲调活泼简练。演唱时常成群结队地进行，手牵着手，左摇右晃，十分天真自得。

彝族每年都有重要的、传统的歌舞表演，这是彝族的特色。当男女互相表达情意之后，就会围着火堆一起跳彝族舞曲。

六盘水市有98个乡镇，其中有7个为彝族乡，有36个为彝族与少数民族乡镇，彝族同胞在市境内传承着自己的文化传统，其中彝族山歌尤为突出地展示了彝族同胞的思想情感。

在盘县，彝族山歌主要流传于盘北彝族地区，东与普安县相连，南与盘县南部接壤，西抵盘县盘关镇，北与水城县毗邻，面积约1140.47平方公里，总人口232703人，其中彝族人口占总人口的28.6 %。属亚热带季风湿润气候，具有雨热同季、雨量充沛、热量足够、光照充足、农作物有效生长期较长等优越条件，主要粮食作物有荞麦、玉米、马铃薯、水稻等；主要经济作物有杉木、油菜籽、大豆、芸豆、烟叶等；现已探明的矿产资源有煤、铁、铜、水晶石等，尤以煤最为丰富。1993年被贵州省文化厅命名为“盘北彝族歌舞之乡”。

在盘县淤泥乡有一首山歌：“山歌出在淤泥河，人去背来马去驮。”这形象地概括了盘县淤泥乡盘县彝族山歌特有的地方民族特色。盘县彝族山歌主要分为以下几类。

1.情歌

淤泥河由于地处山区，兼之亦农亦牧的生活环境，山歌的音调一般都比较高亢、粗犷。但由于封建礼教的束缚，男女青年恋爱自由却婚姻不自由，所以有些山歌也涂上一层低沉和压抑的色彩。其调式以五声或六声调式的商、徵混合调式为多，其他调式也常见，节奏较为自由，音乐特点随场合的改变而改变，高音1~6的下滑音加上似断非断的演唱成为淤泥山歌独特的演唱腔调，当地人称为“拉山腔”。彝语的歌词多为五言四句，讲究押韵对称，用汉语唱多为七言四句。青年男女在恋爱时，主要就是用山歌来表达情意，这种歌调会在彝乡特定的“歌场”里出现。

淤泥“歌场”既是青年人谈情说爱的地方，又是彝家人显露歌喉，尽显聪明才智的文化娱乐场所。在歌场上谈情说爱，如果是同姓人和辈分不等的青年男女是不能会面的，只能去其他村寨，选择适合自己去的地方玩耍、唱歌。在大型的集体性对歌娱乐场所，类似情况的双方青年男女也必须把自己隐藏在同伴之中，不能抛头露面。

在姑娘们阵阵悠扬的木叶声和山歌声的吸引下，远道而来的小伙子们渐渐地围在火旁，一番问候和交谈、嬉戏之后，姑娘们便唱起开排歌：

彝族山歌对唱(谢丽红　摄)

叫妹开排就开排,从头一二排起来。
排到妹上妹要唱,排到哥上哥要来。

如果小伙子们还不开唱,相互推迟的话,姑娘们就接着唱:

你也推来他也推,柴推火来火推灰。
大柴架在细柴上,有柴无火枉自吹。

小伙子们感到羞涩之后,也只好开口唱起来。为表示谦虚,一般首先唱的是:

郎在郎山不唱歌,走到妹山现来学。
学得一首唱一首,唱了此首又无着。

紧接着姑娘并唱:

郎的山歌好山歌,学得一首多快乐。
肚子饿时当做饭,生病时候当作药。

情歌是属于曲调歌词不固定的一类调式,也是彝族山歌类别中重要的一种。

2.酒歌

水酒是彝家日常必不可少的待客之物。在婚庆上,酒席间相互敬酒,唱敬酒歌,这种独特的酒文化使彝乡流传下来很多的酒歌。彝乡人用他们特酿的水拌酒招待客人,便会唱起敬酒歌:

亲戚朋友在一起,喝杯酒来助兴嘞,
民族大团结,饮一杯酒快乐嘞,
请你喝一杯,喝一杯,喝了酒快乐嘞,
请你喝一碗,喝一碗,喝了就富有嘞,直啊多啊。

好客的彝家人们一边歌舞一边敬酒助兴,借此来表达对远方客人的欢迎之情,体现了彝乡人在接待客人方面与众不同之处。在酒歌中,邀请客人喝酒的歌调,有好几种曲调和唱词。这些曲调和歌词都属于固定形式的一类,在调式上多与徵调式为主,曲式多为一部型,节奏轻快、紧凑,旋律欢快,歌词中常有衬词的出现。

3.叙事歌

(1)农事劳动歌。在生产劳动生活时所唱的曲调就是劳动歌。这类山歌通俗易懂,流传广泛,结构分为四句、长连、盘歌三类。唱者即兴而唱,把人们的喜怒哀乐、悲欢离合、生活环境等淋漓尽致地表达出来。

山歌劳作场景(谢丽红 摄)

如《栽秧歌》:

大田栽秧窝队窝,今日郎妹来对歌,

站在田中开口唱，情也合来意也合。
……

这类山歌属于曲调歌词不固定的一类，歌词多以七言四句为主，以日常生活、劳动场景为题，结合男女之间的爱情而创作出来，节奏较为自由，唱腔高亢、激昂，调式明显以徵调式为主，歌曲从 re 起最后回到 sol 音，经过音程大跳凸显独特的音乐特性。

（2）记事歌。以说唱的形式来介绍地方风情、故事，记述历史传说、民间故事，是一种诗化了的口语，带有浓重的生活气息和乡土风味，也表现出其较高的概括力和艺术魅力。

如记述历史、民间故事的《戈阿娄》：

在古老古代，太阳出来，
白天暖烘烘，晚上亮堂堂。
……

如描述山水风情的《高山歌》：

高山撒荞荞不结，平地栽豆豆落叶，
在棵玉米是滑竿，连个情歌是花客。
……

这类山歌旋律起伏较小，结构简单，少部分曲子是旋律较强的多乐段结构。记述历史传说、民间故事的歌词属于固定形式的一类；描述山水风景的歌词则是属于不固定的一种，而歌词押韵对称，以日常生活中的事物为素材即兴创作加工，上升为一种艺术表现形态，以七言四句为一段。调式上以羽、徵调式的转变使音乐色彩表现最明显，旋律较为忧伤与汉族山歌中的小调相似，节奏自由，以平腔的演唱方式为主。

盘县淤泥乡的山歌分成男女声调，山歌中有很多演唱技巧，比如喉、头腔共振、真假声混合等演唱技巧。他们是以老一辈“口传心授”的方式应用真假声演唱这样的乐句，很巧妙，真假嗓配合得很好，大嗓时声音洪亮，气势不凡；小嗓时声音尖细，柔美动听。

在盘县北部的彝族地区，走在乡间，随处都可以听到彝族人的歌声，不分男女老幼，人人都会唱上几首，其他不是彝族的生活在这片土地上的民族同胞们，很多同样也能说彝话，唱山歌。可以说，哪里有人，哪里就有山歌声。盘县彝族山歌是

彝族男女对唱山歌(谢丽红　摄)

盘县彝族文化的重要组成部分,也是中国民族歌唱艺术中的奇葩。

主要特征:盘县彝族山歌承载着丰富的民族文化内涵,具有鲜明的文化传统:①丰富的民族文化内涵是盘县彝族山歌的第一特征。盘县彝族山歌的演唱几乎覆盖了彝族人全部的生产和生活,我们通过盘县彝族山歌不但可以了解彝族人的文化历史、信仰、思想、感情和艺术审美情趣,还可以看到其日常生活、生产的方方面面,以及特有的民族风情和文化,可以说盘县的彝族山歌是一部彝族文化的百科全书。②具有广泛的群众性和民间传承性是盘县彝族山歌第二特征。在盘县彝族地区,尤其是盘县的淤泥河乡,山歌是人人会唱,人人会编,人人都是传承者和受传者。每一首彝族经典性的山歌,也都是集体创造的智慧结晶。③融合了草原声韵和山区声韵的特有的"拉山腔"是盘县彝族山歌又一特征。这种山歌腔调十分独特,是彝族山歌歌唱艺术区别于其他歌唱艺术的主要表现。

重要价值:①盘县彝族山歌是盘县彝族人记录本民族文化、传承本民族发展史的一个活载体。彝族山歌以它鲜活的形式,传承着彝族人民的语言、音乐、舞蹈等文化内容,同时也有利于彝族同胞记住本民族生存发展的历史。②盘县彝族山歌对研究彝族文化具有很重要的价值。③盘县彝族山歌通过对唱的形式,倡导尊老爱幼、夫妻恩爱、邻里和睦、勤劳善良、人与自然和谐相处等理念,在当今人际、族际交流中具有广泛的教育意义,彝族人民在现代社会还继续传承着好客、友善的优良传统。对于加强民族团结、构建和谐社会都起到了重要的作用。④盘县彝族山歌在歌唱艺术上亦有自己独特的表现,它所展现的彝族歌曲具有很高的艺术价值和研究价值。

省级非物质文化遗产

苗族三眼箫音乐艺术

六枝特区位于贵州省中部，是六盘水市的东大门，地处长江、珠江水系上游分水岭，行政区域总面积 1792.1 平方公里，有汉、彝、苗、布依、仡佬、回、蒙古等民族，辖 19 个乡镇，其中少数民族乡 9 个，总人口 65.97 万人，少数民族人口 19.79 万人，占 30%。

箐苗花场（周友武　摄）

在六枝特区和织金县交界的崇山峻岭地区，居住着一个具有独特文化的苗族支系——"箐苗"，共有 5000 余人，集中分布在六枝特区梭戛苗族彝族回族乡境内，通常称为梭戛"箐苗"社区，面积 120 多平方公里，海拔 1400~2200 米，属喀斯特地貌，中亚热季风湿润气候，年平均气温 12℃~14℃，年降水量 1200~1400 毫米，但水资源匮乏，仅有流量不大的山泉供人畜饮用。

梭戛距六枝特区驻地 42 公里，距贵州省政府所在地贵阳 241 公里，距六盘水市政府所在地水城174公里。

长期以来，在特定的生活环境中，梭戛“箐苗”创造了古朴、独特的器乐文化，其中，又以三眼箫吹奏最具代表性。梭戛“箐苗”三眼萧是一种古老的乐器，声音古朴、简洁、沉吟。其曲调以哀婉、低沉见长。吹奏的音乐，低沉徘徊，如同诉说着战争给人们带来的苦难。

“箐苗”三眼箫，属箫类竹管乐器，形状像汉族乐器洞箫（也称为苏笛或竖笛）和西洋乐器黑管，但其独特之处是仅有三个音孔，且其管身粗细长短不一。三眼箫的吹奏，以口含顶端叉口，下巴紧贴斜吹口，左手中指按正一孔，右手中指按正二孔，拇指按背孔，向叉口内吹气振动簧片而发音，闭开音孔而成律。三眼箫设置三孔音的主要根据是“箐苗”的民歌音调，主要为男女青年相互表达爱慕之情时吹奏，现亦在一般情况下抒发自己的情感。

“箐苗”三眼箫从形制到曲目都很古朴，演奏技巧特殊，代表着箐苗人民怡情养性、寄情抒情的生活方式，表现出关爱自然、热爱生活的人文精神。它所形成的独特的文化记忆，对“箐苗”文化史、艺术史乃至箐苗人的精神、气度、品格、行为产生了持久而广泛的影响，它是“箐苗”文化的杰出代表。

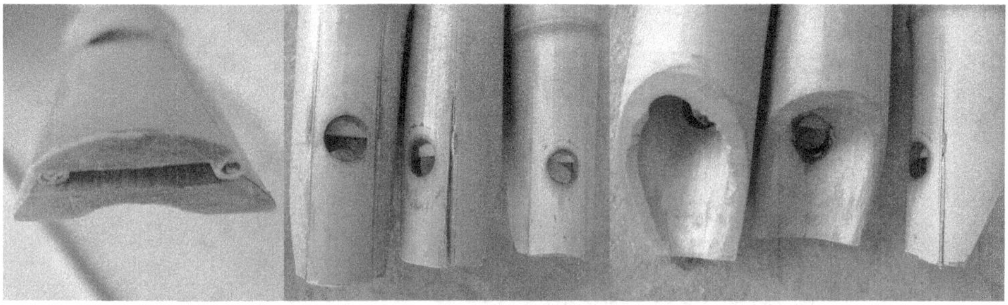

三眼箫的音孔（罗刚　摄）

三眼箫制作的材料为金竹，竹节圆润、长度较为合理的为最佳，一般选取向阳、生长旺盛的竹丛，选其中长势好的为材料，将其砍下取其中七节为箫，以竹管根端为上端，向下于背面1.5厘米部位削成一个斜吹口，于正面3厘米处凿一个发音孔；发音孔以上左右开剖为吹气叉口，于叉口内嵌一片竹制的薄簧片，簧片遮去发音孔1/4，两侧用稻秸或麦秸竖嵌封严；能吹响后，按一定比例于正面凿两个音孔，于两音孔之间的背面凿一个音孔即成。

有这样一首古老的歌词：“擀冉有七节，七节三个眼；擀冉说不尽心头话，把它撅断当柴烧。”这句歌词，道尽了织金苗族三眼箫的形象与奥妙。三眼箫及其曲调的吹奏，使苗族同胞们得以自娱自乐，充实生活。尤其是每年夏历的正月初一到十

制作三眼箫(罗刚　摄)

五,白日夜晚都有三眼箫轻柔优美的声音飘入天空,给苗家小寨增添了新春来临、万物更新、生动活泼的无尽情趣。

有情人在一起吹奏三眼箫(周友武　摄)

苗族历史源远流长,距今5000多年前,其先民在黄河下游及长江中下游一带,就已形成了"九黎"部落联盟。后来,逐渐演变为"三苗""荆蛮"等称号。与此同时,退出原居地而南移,并逐渐向西北和西南山区迁徙,遍布今黔、湘、滇、川、桂、鄂、渝、琼、陕、京 10 省区市，有一部分特别是讲川黔滇次方言第一土语的苗族同胞，还越过国境，到达东南亚各国，直至美洲、欧洲。长期以来，人们以农耕为业，以迁徙求生存，以迁徙求发展。总是在一个地方驻足游耕一段时间，再去另一个地方重建家园。人们越走越远，越走越分散，形成了若干支系，而文化传统依旧不变。在漫长的岁月中，由一个母语文化演变成多种方言土语的子文化；不同的文化生态环境，演绎成多种不同的音乐文化，产生了各不相同的节日习俗和宗教信仰等，构成了一个庞大而复杂的苗族文化系统。

美丽的箐苗少女（周友武　摄）

这里有一个古老的关于三眼箫的传说，听到这个故事的人，都会为之感动，为之掉下深情的泪水。

在很久以前，有一家财主，生下一个漂亮的姑娘，姑娘长大后，成为很多年轻人追求对象，但她对每一个来相亲的小伙都没有看上一眼，因为来相亲的不是贪图她的美色就是贪图她的家财。她家有一把扇子，只要一扇就能把人扇到很远很远的地方去。来追求她的人都被她扇到了一个很远很远的山峰上，日积月累，山峰上已有成千上万的人，有些死去，有些还在苦苦挣扎。有一天村里来了一个很穷很穷的年轻人，他不是来相亲的，他喜欢这里古老风景和民族风情。这个漂亮的小姑娘一眼就看上了，他们俩情投意合不愿分离。可是女孩的父亲觉得这

互诉衷情（周友武　摄）

是一个穷人，就拒绝了他，也把这个年轻人扇到了山峰上。当这个年轻人到达山峰时，见到的是遍地的尸体和苦苦挣扎的人。很长时间过去了，他也到了生命的尽头，可他还想着这位姑娘。姑娘在家里也是每天哭泣，她总是祈求上天不要让他死去。正当这个年轻人绝望之际，他随手捡起一节人骨，这节人骨有三个眼，他开始吹奏，吹出凄惨的声音。就是这声音感动了上天，上天派了一只雄鹰把这个年轻人带下山，和姑娘见面，就这样，他们终于走在了一起，从此不分离。后人为了纪念他们，就用竹子代替人骨，模仿那节人骨创造出了“三眼箫”，并一直流传至今。

这支箫可以吹奏民间曲调，村民们用来传递感情。在村里，不知有多少对恋人、多少个家庭都是因为这支箫才走到一起。“三眼箫”有时也用来作为表演的乐器，它将随着时代的发展不断地更新，它将永远流传下去。

长箫传情(周友武　摄)

主要特征：梭戛“箐苗”三眼箫是一种古老的乐器，三眼箫有大小两种，常用的为1米左右的大箫，用水竹晾干制作。从上到下共开三孔，为方便手指按孔，音孔均不在一条直线上，其发音由本音和泛音组成。高音细柔，中低音浑厚，音调之间的升降流动较为自然，具有较强的歌唱性。

重要价值：①艺术价值：梭戛“箐苗”三眼箫从形制到曲目，古朴、特殊的演奏技巧，代表着“箐苗”人民怡情养性、寄情抒情的生活方式，表现出关爱自然、热爱生活的人文精神。它所形成的独特的文化记忆，对“箐苗”文化史、艺术史乃至“箐苗”人的精神、气度、品格、行为产生了持久而广泛的影响，它是“箐苗”文化的杰出代表。②历史学、人类学价值：“箐苗”没有自己的文字，其口头文学成为其传承历史文化的主要方式之一，而三眼箫又是他们将音乐与口头文学结合的典范，在怡情养性、寄情抒情的同时，以音乐的方式传承历史。在历史学、人类学等学科研究中具有不可替代的作用。③振奋民族精神，增强民族凝聚力：以三眼箫为代表的“箐苗”传统器乐文化，是千百年来“箐苗”文明积淀的结果，在振奋民族精神、增强民族凝聚力、促进社会安定团结方面，有着极为重要的作用，对民族精神、思想、感情、意志、行为等都有着巨大的影响。保护“箐苗”三眼箫，对丰富梭戛“箐苗”社区居民的文化生活，促进人的全面发展，建设和谐社区，都将起到重要的推动作用。④三眼箫独特的三孔吹奏，除了在音乐中体现审美外，还有一种民族情感的体验。这种情感的体验，使人产生感情上的共鸣，犹如异乡的人对“乡音”所产生的特殊感情一样。

彝族《莫蒿亩》

彝族唢呐,彝语称莫合、莫轰、拜来、泽乃等,是双簧气鸣乐器。因通体用木制成,故又有彝族木唢呐之称。其是彝族民众在生产生活中为了表现热闹、烘托气氛的音乐艺术。在钟山区以彝族为主体民族的汪家寨镇新华村,在彝族民间的大小活动中,都离不开唢呐。吹奏唢呐一般为三人一组,两个人吹唢呐,一个人打羊皮鼓。两支唢呐,一支为高音,一支为低音。每一支唢呐曲都有自然的和声,是协和音程。再加上第三者在一边敲打羊皮鼓和铙钹的声音。吹奏的时候,一般是先由高音唢呐领头起调,然后,低音唢呐再跟上,与此同时,一旁的鼓手便敲打起鼓来,节奏的快慢由鼓手来定,鼓手一只手抱或提一高约 15 厘米、直径 15~20 厘米的羊皮鼓,抱鼓的一只手还附拿一只小型的铙钹,另一只手拿一裹红布的"丫"字状木棍敲击羊皮鼓和铙钹,同时发出的两种乐器声音,便是乐器的整个节奏。彝族《莫蒿亩》(吹唢呐)主要流传于六盘水市的钟山区、六枝特区、水城县、盘县等彝族聚居的村落。

彝族唢呐形制较古朴,比普通铜碗唢呐长,由簧哨、芯子、管身和喇叭筒等部分组成。规格大小不一,较小者高约 45 厘米,较大者可达 90 厘米,常见者通高 72 厘米左右。簧哨是用芦苇或麦秆制成的双簧哨子,长约 2 厘米。芯子用木棍或铜片制成,上细下粗,呈锥形管状体,上口套进簧哨,下口插入管首;也有的芯子用木制成漏斗状,与气牌合二为一,外径和高度均为 5 厘米左右,中间有插管安置簧哨,下端插入管首。管身多使用红木、梨木或椿木制成,管长 45 厘米左右,管尾外径 2.4 厘米,管身上开有七个或八个圆形按音孔,七孔者无背孔,八孔者第八孔为背孔,孔径 0.6 厘米。管身下端套有一个用椿木或棕树干镟制的喇叭筒,筒身较细而口小,筒高 22 厘米,上口外径 4 厘米、内径 2.3 厘米,筒下口外径 12 厘米。

汪家寨镇新华村位于六盘水市钟山区西北部,北与毕节地区的赫章县珠市乡以那村、雉街乡大凉山村相连;西接威宁县猴场镇木块村;东接水城县木果乡海秋村,有村级公路与外界相通。距镇政府所在地 12 公里,距市中心 50 公里。

该村地势以山地为主,地形为喀斯特地貌,四面环山,村落聚居点海拔较高,坐落在乌蒙山脉腹地贵州最高峰韭菜坪主峰东南部,位于海拔 1850~2390 米的梁山地区,年降水量 1250 毫米,年平均气温 12.3℃。有一列坐北向南的大峡谷纵贯全

木唢呐(何酉食　摄)

村,一条长约 2 公里的溪流由北向南从村中穿流而过。洋芋、玉米为该村主要农作物。

全村人口 1985 人,村中居住着彝、汉、苗等民族,彝族人口 1402 人,占全村总人口的70.6%,是一个彝族人口聚居较为集中的村寨。

唢呐大约在公元 3 世纪在中国出现,新疆拜城克孜尔石窟第 38 窟中的伎乐壁画已有吹奏唢呐形象。在 700 多年前的金、元时代,传到中原地区。

到了明代,古籍中始有唢呐的记载:明代正德年间(1506—1521 年)唢呐已在我国普遍应用。明代武将戚继光(1527—1587 年)曾把唢呐用于军乐之中。他在《纪效新书·武备志》中说:"凡掌号笛,即是吹唢呐。"

较详细的记载见于明王圻编《三才图会》(1607 年刊):"唢呐,其制如喇叭,七孔;首尾以铜为之,管则用木。不知起于何代,当军中之乐也。今民间多用之。"

明代后期,唢呐已在戏曲音乐中占有重要地位,用以伴奏唱腔、吹奏过场曲牌。而在以戏曲音乐为基础的民间器乐中,唢呐也成为必不可少的乐器。

到了清代,唢呐称为"苏尔奈",被编进宫廷的《回部乐》中。今天唢呐已成为我国彝族人民使用颇广的乐器之一。

彝族唢呐的构造如下。

(1)哨子。一般采用大麦秸秆制作。秸秆选材时间在每年四五月,此时大麦正要抽穗,选用两三丛长势比较好的麦苗,连根拔起带回家后,放置在房前屋后的房檐下使其阴干。每株只能选用中间的 1 节或最多两节,每节中的两头必须去掉,只能用其中间 3 寸左右部分。大麦秸秆皮要不厚不薄,假如不光滑、不柔软、色泽白净反而发黑或有黑斑点就不能用。选好之后,再用剪刀剪成每截约 0.5 厘米长,然后把它们放置在小盒子里,这样,随时都可以取来作哨子用了。用的时候要先把哨子放在嘴里滋润,再用牙齿轻轻地咬一下,然后再将其套在鸭毛筒上,并用细线打个活套,扎在哨子与鸭毛筒结合部的中间位置,松紧适中。唢呐的每个部件都很重要,但哨子的作用特别突出,哨子不好或哨子坏了,就会影响吹奏或吹奏的效果。哨子主要起发音作用,当人口里的气流强行通过扁形哨嘴的时候,哨子就会发出声音,它相当于人们发音时发音器官中的声带。如人的声音高亢、浑厚,就说明声带厚长;人的声音尖锐,就说明声带薄短。类似地,质地比较厚和剪得长的哨子吹出来的声音就浑厚、低沉;质地比较薄和剪得比较短的哨子,吹出来的声音就比较尖锐。因此,根据唢呐的大小,如何选择哨子成了吹奏唢呐的关键。

(2)哨筒。唢呐的哨筒,一般也叫鸭毛筒。之所以叫作鸭毛筒,是因为哨筒选材于鸭子翅膀上最硬且又粗又光滑的羽毛杆。之所以选用鸭毛,是因为它的质量比鸡毛好,不仅硬和光滑,而且其杆内的孔畅通、光滑。要求上下一样粗,长短在1寸左右,一般的唢呐匠都要有备用的鸭毛筒,少则一二个,多则三五个不等。鸭毛筒的下部要插入小管上部的孔内,其上部要套上哨子。鸭毛筒的粗细一般要与小管的上孔相宜,粗了插不进去,细了则松动、摇晃,一旦如此,就要在小管的上孔口垫进一小节草或其他东西,否则,吹奏既不方便,又影响吹奏效果。唢呐的哨筒主要起一个传声筒的作用。它将哨子中发出的声音传送给小管、大管乃至唢呐杆。哨筒在唢呐的部件中作为声音的中介,特别是在声音传输孔从小到大地递进中的作用,尤为重要。

(3)堵气盘。为了在吹奏唢呐时省力和省气,让气更多地灌进哨子里吹响哨子,必须在小管与鸭毛筒结合部放上一个堵气盘。堵气盘多由很薄的木板制作,也有用骨片或牛角制成的,但很少。一般为圆形,其直径在1寸左右。堵气盘正中央要钻一个小孔,孔的大小要正好能插入鸭毛筒,可以稍有宽余,但不能大于小管上部的外直径。否则,堵气盘就会往小管下面滑,失去堵气盘的堵气作用。吹唢呐需要不断地用气,一晚不停地吹,时间长了,人的双唇会疲倦、麻木并无法闭合而把气强行吹入哨子中,此时,堵气盘就能弥补双唇疲倦之不足,将嘴唇闭合不好而漏气的地方堵住,让人口中有限的气都能通过哨子吹入唢呐之中。这样,既不浪费呼出的气流,又能使吹奏的唢呐曲谱流水似的不间断,使人们听起来感到悦耳、心情舒畅。

(4)小管。所谓小管,是相对唢呐的大管而言。它是由长约2厘米的细小竹管做成的,小管选的竹管要比大管选用的竹管更细其下部要插进大管的上部,其上部再接哨筒。小管用的竹管要直要干,与大管的结合要紧,不能松动,更不能漏气。小管在唢呐部件中的作用,主要是声音传输孔从小到大地递进。让哨筒传出的声音通过自己,传给大管。没有小管作中介,哨筒就因细小而无法有机地和大管衔接在一起,大管也无法把哨筒传出的声音接过来再传送给唢呐杆。因此,小管的作用也不能忽视。

(5)大管。唢呐的大管,主要是相对唢呐的小管而言。它是由长约1寸的细小竹管做成,其下部伸进唢呐杆上部的通气孔,上部再接小管。竹管一般要选很直并已干透了的细竹管,管内要光滑,其伸进唢呐杆的部分与唢呐杆上空的结合要紧,不仅不能松动,而且还不能让它漏气。大管的作用也和小管一样,是小管管孔从小到大的递增,大管的加入,使声音传输孔更加接近唢呐杆的声音传输孔。没有大管,小管无法与唢呐杆衔接,小管传出的声音唢呐杆就无法接收。

(6)唢呐杆。以彝族地区常用的唢呐为例,彝族唢呐大师们历来使用的唢呐几乎全部用木头做成,唢呐杆主要取材于漆树,选材时不能选老漆树,一定要选刚长一两年并且长得很直的嫩漆树。取材的时间要选在冬天,用老百姓的话说,时间要定在树木下水之后(秋后)上水之前(春前),选用这段时间的木材不容易裂口和变形。把选中的嫩漆树砍回家之后,放在通风干燥的地方,让其慢慢地干透。然后去掉树皮,用刀或其他利器将其刮光滑,具体要求是整个棍体要圆,上头稍细,下头稍粗,刮到自己满意为止,最后再按自己需要的型号和规格截成半成品。此时可以钻孔了。钻孔先钻通气孔,通气孔要由下往上钻。由于没有现代化的钻孔工具,民间历来靠铁匠打制的铁钎来钻孔,这种铁钎头要尖细,往下慢慢地变粗,钎身要圆。把铁钎放在炉火中烧红后即取出,把钎尖对准唢呐杆下头横截面的中心使劲往里烙,这就是地方土语常说的“烙唢呐”。

(7)通气孔。通气孔要下大上小,整个孔要圆要光滑。通气孔制作完成之后,便开始钻音孔。唢呐杆的音孔正面是 7 个,背面是 1 个。正面的音孔一般(以小号唢呐为例)要距上头边两指左右,距下头的边 4 指左右定孔点,然后用同等的孔距挨个地烙钻,钻孔的工具仍然是土制的铁钎。每个音孔都要一般大,如所有音孔大小不一,那么,这根唢呐杆就报废了。背面的音孔位置要钻在正面音孔上边的第 1、第 2 个孔的居中位置,孔的大小要和正面的孔一样,既不能大也不能小。如此,唢呐杆就制作成功了。唢呐杆在唢呐部件中的作用最重要。特别是唢呐曲谱要通过唢呐杆上音孔的闭合变化来体现。没有这种唢呐杆上的音孔的闭合变化,那么,哨子吹出的声音在通过一系列的声音传输孔之后,即使声音扩大了,也还是原声原调,没有高低升降,没有抑扬顿挫,更不会有什么曲谱了。因此,没有唢呐杆就没有唢呐的存在。

(8)唢呐盘。地方汉语也叫唢呐盘盘。用木头做成,主要取材于梧桐树。选材时不能选太粗的树,也不能选太细的树,要根据自己所设计的唢呐盘的大小来选树材的大小。取材的时间也要选在冬天,也要把梧桐树放在家里阴干之后才能制作。唢呐盘像个喇叭,实际上它就是唢呐的扩音器,盘口(下面)宽大,盘头(上面)窄小,盘头上的孔要刚好能套住唢呐杆的下部 1 寸左右,并且不会往下掉,也不能松动。要想松动或把唢呐盘与唢呐杆分离开,只有把唢呐杆往下压,或者把唢呐盘往上提。唢呐盘体厚一般约为 0.5 厘米。唢呐的外壳上部要起一圈宽 1 寸左右的浅坎,中部要起一圈宽约 0.8 厘米、高约 0.5 厘米的圆背型盘腰。唢呐盘的制作首先还是用烧红从下至上于盘口横截面正中直烙,通孔到盘头正中之后,再用小刀、圆凿、刨刀等工具慢慢地将孔扩大，直至形成唢呐盘，然后再用刮器将其内外刮光滑，刮到满意为止。若比较讲究的制作者，唢呐盘盘口（下部）还会制作出微翘的边沿，以增加唢呐外形的美感。唢呐盘，实质上就是唢呐的扩大器或共鸣器，没有唢呐盘，通过唢呐杆发出的声音就不洪亮。其作用就像人的口腔一样，为发音器发出的声音作共鸣。有了洪亮的声音，才会使唢呐曲谱的演奏在各种庆典活动中起到烘托欢乐或悲哀气氛的作用。

演奏时，管身竖持，双手扶管，右手拇指按背孔，食指、中指、无名指按正面上三孔，左手食指、中指、无名指、小指按正面下四孔。口含簧哨，用循环换气法吹奏，发音较为柔和，音量较大，音色浑厚。可用于独奏、齐奏或器乐合奏。彝家经常使用两支音高相同的唢呐一起吹奏，演奏乐曲的中音旋律时，两支唢呐就齐奏；演奏乐曲的高音旋律时，有一支唢呐吹奏低八度音，民间称这种两支分别吹奏高低八度的奏法为“倒扣”。每逢佳节喜庆或婚丧嫁娶之时，彝族人民都要请民间艺人演奏唢呐，并且还常有由小皮鼓、铜钹等乐器一起进行合奏。据传，唢呐的曲谱，是受岩洞滴水的“叮咚”声的启发而来的，民间称其为“声谱”。

唢呐演奏一般是 4 人（小唢呐、大唢呐各 1 人，鼓、铰子各 1 人）共同演奏，但也有 1 个人同时吹奏两支唢呐，脚上绑上鼓和铰子同时击打来完成唢呐演奏的。4 人共同演奏的，先由两位唢呐师傅用嘴把哨子滋润，然后两位唢呐师傅吹短调试大、小唢呐音是否合。正式吹奏时，由小唢呐先起头，大唢呐跟着合奏，大、小唢呐合奏之后，打鼓的和打铰子的随之跟上，鼓、铰的敲打声必须与唢呐演奏的音符点子相吻合。唢呐的演奏和鼓铰的敲打既相互配合，又相互制约，唢呐按鼓铰击打的节拍进行吹奏，而鼓铰的击打又是跟着唢呐曲谱的演奏进行。其关系是互为前提，相互照应，相互配合，相互制约。也就是说，唢呐吹得流畅，除了大、小唢呐配合得好之外，鼓、铰也要敲打得好，反之，鼓、铰要打得好，也要唢呐吹奏得流畅。一谱唢呐曲吹奏结束（两支唢呐同时），鼓铰也必须同时按点结束。如果鼓铰的敲打忽而快，忽而慢，不按一定的节奏打，就会影响唢呐师傅的思路，从而吹错了曲谱。故而在唢呐演奏的场合，有关于“打鼓是师傅”的说法。

鼓、铰子的击打是按唢呐的曲谱类型和演奏时间来决定的。比如说，吹奏“四平谱”时，鼓、铰击打的点子是平铺直叙，一般是不快不慢，按一定的节奏击打。若时间到了半夜之后，一般的唢呐师傅都要吹奏“调子（一种曲谱）”“草带花”“吟上谱”“滚豆谱”“唱谱（也叫油螂螂谱）”等，此时鼓、铰击打的点子多为快慢结合的“跳打”法，俗语称为打“跳棰”。

主要特征：①口传心授和技术难度高。彝族莫蒿亩（吹唢呐）的传承方式为口传心授，吹奏唢呐技术难度高，讲究天赋，需要持之以恒的学习和苦练。②演奏者

吹奏木唢呐(何酉食　摄)

为男性。一般由 3 人组成。其中 2 人吹奏“大扣细”唢呐互相“合谱”,1 人击花鼓同时击铙钹相互响应。

重要价值:①观赏性极强。两支唢呐一支为高、一支低音。每一支唢呐曲都有自然的和声,是协和音程。加上第三者在一边敲打羊皮鼓和铙钹的声音。简直是一支原生态的乐队合奏,令人赏心悦目。②彝族民间活动不可缺少。彝族《莫蒿亩》(吹唢呐)是彝族民众在大小活动中为了表现热闹、烘托气氛的音乐艺术形式。

布依族吹打乐

布依族唢呐主要分布在水城县野钟乡、蟠龙乡、发耳乡、米箩、红岩、新街、鸡场、发耳、花嘎等北盘江上游沿岸。是北盘江上游布依族民间音乐的典型代表,是当地布依族结婚嫁女、丧葬祭祀、上梁立柱等重大节日集会时都要演奏的乐器。

野钟乡位于北盘江北岸,东面与果布嘎乡毗邻,南与顺场乡隔江相望,西与杨梅乡交、北与米箩接壤。乡政府驻地距县城 86 公里。境内居住着 13 个民族,是一个以苗族、彝族、布依族为主体民族的少数民族乡。

乡域总面积 141 平方公里。辖 7 个行政村,79 个村民组,总户数 4536 户,17655 人。全乡整体为西北高,东南低的深山峡谷带状地形,最高海拔 2300 米,最低海拔 688 米,全乡土地宽广、肥沃、气候适宜,年均气温 14℃,年降雨量 1230 毫米，无霜、无雪期260天。

境内有锌、铅、铁、银、磷、煤、冰洲石、大理石等矿藏资源。主产玉米、水稻、小麦、马铃薯、荞子等粮食作物。有烤烟、油菜、花生、甘蔗等经济作物十余种。经济林木有桃、板栗、生漆、油桐、梨子及桉树等。

以野钟乡为代表的布依族唢呐为铜质，两支大小一样，单管八孔，演奏过程中高低音相互转换配合，俗称“对子唢呐”。布依族唢呐吹奏时除配套鼓钹外，还另加莽锣，婚嫁丧葬及庆典、祭祀等场合皆用。唢呐为哨管吹奏乐器，演奏特别讲究技巧，要求鼻吸气，嘴仍吹奏，换气声不停，有“鼓腮换气法”“吞气换气法”等区别。演奏中常形成主客双方轮流对吹，还有一定的竞技性。

唢呐吹打乐可分为在喜庆场合用的喜调和丧葬场合用的悲调，祭祀场合用的正调，一般场合用的大小调、山歌调及即兴变奏小调等。从演奏形式上，可分为正谱、倒谱两类。正谱又称老谱，一般为一个声部的齐奏。倒谱又称扣谱，多为高低两个声部的合奏。唢呐曲调流畅多变，节奏感强，旋律多用主导音型或主题乐段贯穿，应用转调，重复、移位等手法变换发展，或热烈欢快，或凄婉悠绵，常根据不同场合和不同需要成套变化演奏。

布依族吹打乐谱种类繁多，曲调多变，不同曲谱中又由众多不同的曲子组成，器乐组合多样，演奏形式活泼具有明快多变的风格特色。传统曲子规范完整。时兴曲子即兴性强，广泛适用于各种集会场合，吹奏风俗自古承传。

布依语称唢呐为“卜呐勒”，是布依族中普遍流行的一种哨管按孔吹奏乐器。以野钟乡为代表的布依族唢呐吹打吸收了临近支系唢呐曲调的吹奏方式，具有音色响亮、节奏多变、曲谱众多等特色，是北盘江上游沿岸布依族唢呐的典型代表。

野钟乡布依族唢呐为木管铜盘铜垫嘴。两支大小一样，单管八孔，演奏中高低音相互转换配合，俗称“对子唢呐”。野钟乡布依族唢呐吹奏中除配鼓和钹外，还要另加芒锣压点，演奏时一般由四人进行，其中两人吹唢呐，一人击鼓，一人同时击钹、打锣（俗称“金包鸡”）。曲调中吹奏特别讲究“一气到底”的换气技巧，主要有“鼓腮换气法”和“吞气换气法”的区别。演奏中常出现主客双方轮流对吹，以“不翻头”（即不重复）、“不落气”为规则，曲多技高者为胜，带有明显的竞技性。

野钟乡吹打乐曲调又称唢呐谱。从适应内容及场合区分，可分为在婚嫁等喜庆场合用的“喜调”、在丧葬场合用的“悲调”、在祭祀场合用的“正调”、在一般玩耍场合用的各种大小调、“山歌调”“花调”，以及即兴演奏的各种变奏调、时兴曲等。从演奏形式上区分，唢呐曲调从演奏形式上可分为正谱、倒谱两类，正谱又称老谱，一般为一个声部的齐奏；倒谱又称扣谱，多为高低两个声部的合奏。从曲谱表现形式上分，还可分为一首一调的“单谱”，以及由多个组合曲子连在一起的“复谱”等类。

野钟乡布依族吹打乐曲调种类繁多，曲谱多变，一个唢呐手所掌握曲子的多少，常用能插多少筛子孔来计算，并以几天几夜不翻头来衡量其记谱的能量。吹奏竞赛当中，唢呐手要求能“跟谱”。所谓“跟谱”，即主方吹一曲在前，客方要能依其旋律改头换气“跟”上，以示自己同样能吹该首曲子作数，若不能“跟”上，则要另吹一首应和。善于“跟谱”者往往能取得最后的胜利。曲子的不同，还在于能根据不同传统固定曲调进行“变谱”。即在旋律上用“老谱”的主导音型或主题乐段贯穿，应用转调、重复移位等手法变换发展，或热烈欢快，或凄婉悠绵，常在不同场合中根据不同需要成套变化演奏。

田间的唢呐（高昌烈　摄）

野钟乡布依族吹打乐曲谱中，常用的传统曲调主要有：用于嫁娶的唢呐《嫁女歌》《欢迎谱》《招待谱》《酒令谱》《出亲谱》等；用于丧葬场合的《迎宾谱》《等客谱》《送丧谱》等；用于喜庆节日的《挂红调》《上梁调》《欢天喜地》《欢喜调》等，用于对台竞赛吹的“阴谱”“阳谱”等。另有众多只记数、无标题的“花调”，凑热闹的“山歌调”，赶时髦的各种时令歌调等在不同场合即兴演奏。

常用的器具有：唢呐、皮鼓、钹、芒锣等。

相关作品有布依族中部分婚丧酒令，山歌、舞蹈等。

主要特征：①野钟布依族吹打乐种类繁多，有适用于各种场合的“喜调”“悲调”“正调”，亦有即兴演奏的“变调”“山歌调”及时令曲调等。不同曲谱中又由众多不同的曲子组成，具有形式上的多样性、内容上的丰富性，是北盘江上游布依族民间音乐的典型代表。②所用铜质对子唢呐音色圆润响亮，表演中配以传统的皮鼓、钹和艺锣伴奏，击节打点节奏多变，可鼓锣相伴，可钹鼓相配，可钹、锣相随，亦

田间的唢呐(高昌烈　摄)

可鼓、钹、锣多样组合共同演奏。器乐组合多样,演奏形式活泼,具有明快多变的风格特色。③传统曲子规范完整,时兴曲子即兴性强,广泛适用于各种集会场合。吹打风俗自古承传,族属群众喜爱,具有广泛的民众性。

重要价值:①野钟布依族唢呐吹打是当地布依族结婚嫁女、丧葬祭祀、上梁立柱等重大节日集会必不可少的传统习俗。其音乐形式自成一格,全面生动地体现北盘江沿岸所居住的布依族深沉厚实的民族文化传统。②野钟乡布依族吹打乐曲谱繁多,内容广泛。系统地反映自古以来布依族吹打音乐的传承与发展。对研究北盘江沿岸布依族的特殊风俗、历史文化、音乐等具有不可替代的重要艺术研究价值。③野钟布依族吹打乐,吹奏技巧精湛,技术性强,民族特点突出,是本民族相互交流认可的艺术语言,在维护本民族的生存与发展中起到了重要的纽带作用,促成了本民族的形成与团结,是当地布依族传统文化艺术的集中代表。

姊妹箫

姊妹箫属竹管双簧乐器,因一人吹奏两支并嵌在一起的同音高的箫而得名,姊妹箫的吹奏集中分布在落别布依族彝族乡境内,海拔在 1100～1600 米,地势为西北至东南走向，地形西高东低。

长期以来，在其特定的生活环境中，落别布依族创造了独特的器乐文化，其中以姊妹箫艺术最具代表性。布依族称姊妹箫为“力勒歪练”，形状类似一般的箫，它由音管、吹音管（即哨子）、吹奏固定盘（有些没有）、两管固定丝四个部件组成，通常用于独奏或伴奏，演奏的乐曲是当地布依族人民传唱的情歌。

姊妹箫艺术是伴随一定的民俗活动产生和发展的，其曲调保存着许多民俗发展的文化信息，集中地反映了布依族的情感、心理素质与审美情趣，不仅对丰富和完善布依族史料有着珍贵的历史价值，更对推动民俗学研究有着十分重要的学术价值。

姊妹箫艺术是中华民族传统器乐文化的重要组成部分，是布依族与周边各民族器乐文化相互交融、相互吸收、相互促进的结果。她记录着先辈们的劳动业绩，展现了布依族在音乐上的创造才能，有着极为丰富的史学、美学价值。

省级传承人伍荣林（罗刚　摄）

姊妹箫艺术不仅具有娱乐、审美的价值，同时也是布依族精神得以内聚和团结的精神纽带，它犹如一种信号，号召人们集中，给人提供亲密和聚集的机会，并吸引人们参与共同的享受，从而促进民族的凝聚与融合。

落别乡位于贵州省六枝特区东部，是六盘水市的东大门，东部与镇宁县接壤，南部以白水河为界，与关岭县隔河相望，距举世闻名的黄果树瀑布仅 12 公里，西北与折溪乡、新窑乡、平寨镇、大用镇毗邻，地处东经 105°27′~105°36′，北纬 26°03′~26°10′之间。东西长 15.5 公里，南北宽 12.35 公里，总面积 94.4 平方公里。

落别乡地势为西北至东南走向，地形西高东低，海拔 1100~1600 米，属亚热带季风气候，气候温和，光照条件较好，夏无酷暑，冬无严寒，雨量充沛，年平均气温为

20~22℃，降水量1320~1482毫米，由于境内地质构造复杂，地貌组合多样，河流深切，岸坡险峻，出水洞、落水洞、暗河星罗棋布，风景独特。在这片土地上，生活着汉、布依、彝、仡佬、苗、土家、蒙古等15个民族，总人口34200人，其中少数民族占全乡总人口的53.3%。

六枝特区布依族姊妹箫主要分布在落别乡坝湾村、板照村、长寨村、可布村、茂林村、抵耳村、索考村。

落别乡姊妹箫艺术自古以来就流传于落别乡的布依村寨，历史悠久，但其真正起源已经无法考究。从布依族姊妹箫吹奏的曲目上可以推断：布依族姊妹箫艺术是伴随着布依族的产生、繁衍、发展而逐步丰富起来的，由一代又一代布依族民间吹奏者不断创作、积累而成，是布依人民集体智慧的结晶。

布依族先民是古越人的一支，元明时期称“仲苗”“青仲”或“仲家”。从史籍称布依族先民为“羊可僚”分析，布依族历史悠久，是贵州创造古夜郎文化的主体民族之一，也是西南地区较大的少数民族之一。布依族是一个古老的种植水稻的农业民族，是少数民族人数在贵州仅次于苗族的又一主要民族，人口大约250万人。在其特定的生活环境中，落别布依族创造了独特的器乐文化，其中，以姊妹箫艺术最具代表性。据老人们回忆，落别乡姊妹箫艺术从他们到现在居住的村落时就已有之。

制作姊妹箫（罗刚　摄）

姊妹箫属竹管双簧乐器，因一人吹奏两支并嵌在一起的同音高的箫而得名，管身竹制。多使用当地出产的水竹制作，规格大小不一，管长25~40厘米、上端内径1.3~1.5厘米，上下两端管口通透。箫管采用内塞式进气道，即在上端管口置入一个木塞,木塞一侧削出一条宽、深各 0.2 厘米的沟槽,与管壁形成进气孔道。在距上端管口 3 厘米处,正对进气孔道开一发音孔,孔长 1 厘米、宽 0.3 厘米。发音孔多设在管身的背面。管身正面下部开有 6 个圆形按音孔,孔距相同。发音孔至第 6 孔的距离,与第 6 孔至第 1 孔的距离相等。在布依族民间,还有 8 孔(前 7 后 1)姊妹箫;在苗族民间,有 7 孔(前 6 后 1)姊妹箫,也有少数地区采用竹黄发音的姊妹箫。中国艺术研究院音乐研究所中国乐器博物馆收藏有布依族姊妹箫一对,管身水竹制,全长 41 厘米,上开 6 孔,系 1958 年民间制品。已被载入《中国乐器图鉴》大型画册中。

演奏时,管身竖置,左手食指、中指、无名指同时按两管的上三孔,右手食指、中指、无名指同时按两管的下三孔。箫管上端置于唇间,气流从进气孔道进入,冲激发音孔边棱,振动管内空气柱,同时发出同度的双音。也有两管筒音不同的姊妹箫,一般相距四度,左管筒音为宫,称姊箫;右管筒音为徵,称妹箫,两管齐奏称姊妹箫。发音轻柔抒情,高音明亮,低音柔和。常用于独奏。也可合奏或为民歌伴奏,乐曲多为唢呐曲牌,有《迎亲调》《接客调》《离娘调》(出嫁时)等。姊妹箫是青年男女恋爱时离不开的吹奏乐器,常以箫声传情达意,乐曲有《喊娘调》《陈情小调》等,每曲皆有唱词,曲调优美抒婉,情意绵绵。

美丽的布依族少女(罗刚　摄)

主要特征:姊妹箫多用苦竹制成,两音管全长 25~30 厘米,有 8 孔,前方 7 音孔依次排列,箫头与最近的音孔之间的距离一般是 9 厘米。音孔之间相距 2~2.5 厘米。箫背有个高音孔,离箫头有 10 厘米。吹口顶端封口,有一稻草或麦草做的簧片。音乐结构长短兼之,调式以商调式为主,宫调式次之,吹奏时以五声音阶为主,吹奏姿势可坐可立,也可边走边吹。曲调多以"赶表歌"、山歌、小调等为主,各种节拍交替出现,叙事性较强。姊妹箫形制短小,音色轻柔秀美,常用于青年男女传递爱恋之情。

重要价值:①民俗学价值。姊妹箫艺术是伴随一定的民俗活动产生和发展的,其曲调保存着许多民俗发展的文化信息,集中地反映了布依族的情感、心理素质与审美情趣,不仅对丰富和完善布依族史料有着珍贵的历史意义,更对推动民俗学研究有着十分重要的学术价值。②史学价值。姊妹箫艺术是中华民族传统器乐文化的重要组成部分,是布依族与周边各民族器乐文化相互交融、相互吸收、相互促进的结果。它记录着先辈们的劳动业绩,展现了布依族在音乐上的创造才能,有着极为丰富的史学价值。③民族凝聚价值。姊妹箫不仅具有娱乐、审美的价值,同时,它是布依族精神得以内聚和团结的精神纽带,它犹如一种信号,号召人们集中,给人们提供亲密和聚集的机会,并吸引人们参与共同的享受,从而促进民族的凝聚与融合。④以姊妹箫为代表的丰富多彩的布依族传统器乐文化,是千百年来布依族文明积淀的结果,它表达了人们的思想感情,一方面使人产生愉悦,另一方面又把生活零碎的片段转变成具体独特的音乐,对民族精神、思想、感情、意志、行为等都有着巨大的影响。

苗族直箫乐

苗族直箫乐主要流传于贵州省六盘水市盘县马场乡。马场乡位于盘县东经104°48′,北纬25°40′,东临黔西南普安县的三板桥镇,西接盘县板桥镇,南接盘县珠东乡、老厂镇,北抵盘县英武乡,平均海拔1700米,距县政府所在地红果75公里,全乡总面积109.35平方公里,其中耕地面积821公顷,喀斯特地貌特征突出,属峰丛洼地地带。土地贫瘠,是全省100个贫困乡镇之一。全乡辖11个村60个村民组,总人口15370人,境内有彝、苗、白等少数民族,少数民族占全乡总人口的38%。2010年,全乡农民人均纯收入2343元,财政收入96.8万元。境内四周环山,气候宜人,四季分明,阳光充足,年平均气温15℃,雨量充沛,年降雨量1300毫米左右,无霜期260天以上;耕地面积805.17亩,主产玉米、小麦、洋芋、大蒜等。该乡交通便利,村村通公路。境内资源主要以石材居多,石漠化逐步得到治理,但耕地贫瘠,农业产业结构单一。独特的自然条件和人文环境,为盘县马场乡留下众多的非物质文化遗产及历史文化遗迹。省级非物质文化遗产代表作名录3项:苗族采花节、苗族直箫乐、苗族大筒箫的演奏及制作;市级非物质文化遗产代表作名录9项:苗族芦笙制作、苗族医药等;县级非物质文化遗产代表作名录12项:踢鼓舞、背篼挑花等。马场乡的苗族服饰都有完整独特的表现,主要表现在纺织、刺绣、蜡染、织锦、服装制作等几个方面。其婚姻习俗也保存得相对完好。

盘县马场花苗支系民族器乐,除了苗族传统文化的标志性乐器芦笙以外,还有直箫、唢呐、口弦等,但尤以直箫中的大筒箫为典型。随着社会的发展,各民族的传统文化受到经济社会和强势文化的冲击,其人文生态环境、生活方式、思想观念也随之而改变,马场乡苗族同胞亦不可例外,当地不少民族器乐的生存环境正在无声无息地恶化,器乐传承面临前所未有的危机。加之年老一辈的艺人相继逝世或改行,已经有许多年轻人不能完整地了解苗族的传统文化。

直箫是苗族同胞在进入贵州西部时与当地的民族发生文化融合后形成的具有黔西苗族文化特色的乐器。直箫苗语称为“江”(jiang)。有“都江”(小箫筒)和“江不都”(大筒箫)之分。均由通节竹管制成。夜深人静之时悠悠箫声往往带有些许惆怅或缕缕情丝,从而形成一种特有的族群认知和情感依托。许多苗族人都有用直箫进行族群文化认同、婚姻缔结、情感交流和表达审美情感的历史,然而贵州西部苗族特有的音乐文化在盘县马场乡滑石板村的苗族中表现得最为突出,并且还有独特的创造性发展。

直箫是一种竹制民族民间吹管乐器。根据形体大小分为“小筒箫”和“大筒箫”,两者为伴生乐器,有公、母概念,也称“夫妻箫”,可独奏,亦可合奏。

1.乐器特征

直箫(都江)由通节竹管制成,长800~1150毫米,上端插入一节切有斜口的木塞,使削去处与管内壁之间形成进气道,木塞下方20毫米处开一方形发音孔,管身正面设有六个按孔。气流从气道经发音孔边棱产生气柱发音,音色明亮圆润。

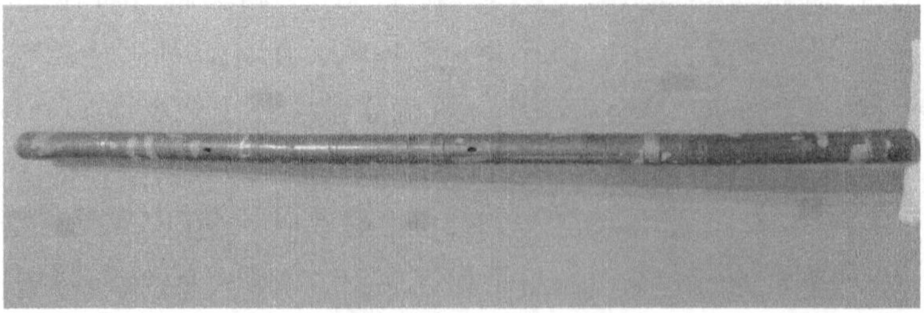

直箫(周友武　摄)

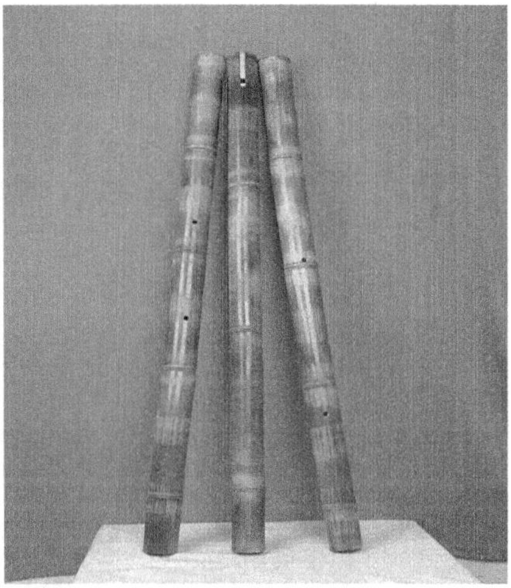
大筒箫(周友武 摄)

箫的音质优劣,与选用的竹材和制作有很大关系。要选用冬至到春分期间采伐的竹子,且应是三年以上的老竹,竹质坚实、分量较重、竹花均匀、呈紫褐色,无虫蛀、干缩、蜂腰和大腹等缺陷,管身圆满、纹理细密顺直。制作时,吹口和音孔须在一条直线上,吹口上方下圆,音孔要圆,并掏成向内的倾斜形,孔壁要光,内堂应光洁,竹节磨光,两端平整,两端口径不能相差过大。在音质上,音阶应准确,不论轻吹重吹,声音都应清丽,不能有空洞或差异的声响,音色应醇厚、优美、圆润。

制作工具主要有锯子、镰刀、小刀、凿子、转刀等。

直箫(江不都),或称大筒箫,由长约 1250 毫米、直径约 100 毫米的墨竹制成,上有 6 个音孔,均不在一条直线上,距离各异,因其形状粗大而得名。它看上去简单,但在制作方面却很考究。首先要找一个长约 15 毫米、宽约 20 毫米的吹气口,插入簧片,然后用钢条将竹骨节打通,再按一定的距离,在距顶端约 50 毫米的地方刻出一个长约 30 毫米、宽约 10 毫米、距顶端 15 毫米的出气孔。第一空距顶端 400 毫米,其余五孔依次往下相隔 100 毫米,第六孔距底端 180 毫米,然后反复试音。直到确定音准后才算完成制作。

2.直箫的演奏法

直箫(都江)作为吹管类乐器,对演奏者的气息要求极为严格,气息一般要求足而匀,缓缓吹入气口,这样便可发出一种圆润浑厚的音色。按孔的技巧比较多样,一般有打音、滑音、倚音、波音等奏法。

直箫(江不都),或称大筒箫,演奏方法则较为奇特。演奏时置于地上,最下面两音孔用脚拇指来按,吹奏者取坐式,用左脚拇指按第一音孔,右脚拇指按第二音孔,第一、第二音孔均起伴音的作用。无名指按第三音孔,左手拇指按第四音孔,右手无名指按第五音孔,右手拇指按第六音孔。双手的拇指、食指和双脚的拇指相配合,协调的运用“按”“半按”“放”“半放”“颤动”等技巧,吹奏出悦耳的音符,组成美妙的曲调。此乐器发出的音色沉闷、略带沙哑,音区宽广。

3.直箫的代表性曲目

直箫的代表性曲目有:《小飞调》《亲爱的朋友》《往事》《采花调》《婆婆虐待媳妇》《迎亲曲》《宽心曲》《劝酒曲》《孤儿调》等。

大筒箫传承人王连兴(谢彬如　摄)

综观多姿多彩的直箫乐曲旋律,大致可归纳为如下几种:一种是吟诵性(叙性述)曲调。第二种是抒情性曲调。第三种是舞蹈性曲调等。

(1)吟诵性(叙述性)曲调。这类乐曲的原型多从民歌移植而来,其线条多为级进、平稳而贴近语言,朴实无华。其根据语言音调而产生的典型乐句中“mi”音反复出现很有特色,它赋予旋律暗淡而忧伤的色彩。如《婆婆虐待媳妇》《孤儿调》等代表性曲目中的叙述片段。

(2)抒情性曲调。这类曲调主要在于内心情感的抒发,乐曲情感细腻、旋律秀丽优美。如抒发青年人对家乡、对生活、对爱情的赞美与追求之情的《小飞调》、舒缓柔美的《夜曲》及《孤儿调》中的器乐段落等。演奏《孤儿调》时,通过悲伤的曲调和缓慢的节奏,让人感到一个流浪在外的孤儿忍受饥寒交迫和受人欺凌的落魄之情,令人倍生同情之心。

(3)舞蹈性曲调。多见于表现青年男女社交与生活的乐曲。如《跳花场》《采花》《女择男》《男拐女》等。这类曲子音调高亢、音域宽广,多富于舞蹈性,明亮、欢快而热烈。

短小的曲目大多由一个主题乐句经过变奏、连缀而成,显得短小精练;曲调较长者大多为多主题的对比性结构,可有二部、三部曲式或较复杂的变奏。

直箫乐的传承谱系如下。

王连兴,这位已经不在人世的老人是我们在开展课题调研时听到最多的名字。

在调研组的深入调查中了解到王连兴的基本情况:王连兴小时家境贫寒,但从小便有着活泼的性格和能歌善舞的天赋,尤其擅长摆弄乐器,由于受外祖父的影响,八岁就学会吹箫吹笛,走红十乡八里,自制二胡、唢呐、箫笛,拉二胡、吹唢呐、吹奏箫笛。他十二三岁就跟随大人在异乡卖艺求生,小小年纪他便走遍与盘县相邻的普安、关岭、安龙、贞丰等地,还远涉广西、云南的一些地方,所到之处,很受民众欢迎,吃穿有余。

王连兴是勤动脑、肯学习的人,在走乡卖艺求生的岁月中,他每走一步都会留心观察和学习当地的民间艺术,不断提高自己的演奏技巧。他的直箫越吹越熟练,越吹越动人。1949 年后,他多次参加县里、地区和省里的文艺演出,我国著名作曲家朱践耳看了他们的演出后,深为其深沉的情思和质朴的乡土情趣所感动,在自己的巨作交响诗《黔岭素描》创作中,以王连兴演奏的直箫曲目为素材,以他的卖艺生涯为背景,创作了《吹直箫的老人》作为第二乐章:由小提琴、中提琴以颤音弱奏反向级进不协和和弦,以长笛和低音单簧管模仿直箫音色,表现出民间老艺人飘逸若仙、怡然自得的吹箫情景。

在王连兴的手中,大筒箫演奏得到最大限度的弘扬。后来王连兴年岁已高,不便外出演奏了,将演奏技艺传给村里的青年杨林方,杨林方又把大筒箫的制作和演奏传给了陶春学。杨林方去世以后,陶春学也就成为大筒箫唯一的第三代传承人。现陶春学已掌握了大筒箫的制作和演奏,成了王连兴和杨林方名副其实的接班人,人们称他为“马场乡滑石板村大筒箫的第三代传承人”。从王连兴老艺人向上追溯,再结合盘县马场乡生态环境,可以推测出,王连兴的外祖父熊玉清应该是从周边地区学习到的直箫的演奏技巧,然后带到滑石板村,并且,在滑石板村,没有制作大筒箫所需要的材料——斑竹。可以推测的是,熊玉清老艺人在学习大筒箫演奏技巧并在滑石板村定居后,将其传承给王连兴且一直传承到现在的第四代传承人王咏、杨兴惠、杨兴娅 3 人,但大部分的曲调正濒临消失,无人能吹奏。这一民间乐器的制作与演奏正处于濒临失传的境地。

主要特征:①外形特征。直箫和大筒箫的制作如前。直箫的器形如常,但大箫筒的器形特征明显,引人注目,是中国民族民间比较大型的竹制吹管乐器,并且是能够独立演奏曲目的倍低音乐器,而不是仅仅只能吹奏伴音的低音乐器。②演奏特征。直箫的演奏与其他箫笛乐大同小异,但大筒箫演奏比较特别,大筒箫演奏时置于地,吹奏者取坐式,最下面两音孔用脚拇指来按;左手拇指按第四音孔,无名指按第三音孔;右手无名指按第五音孔,拇指按第六音孔。双手的拇指、食指和双脚的大拇指相配合,协调地运用“按”“半按”“放”“半放”“颤动”(即揉动)等技巧,奏出美妙的音符,组成悦耳的曲调。③音乐特征。盘县马场乡滑石板村苗族直箫、大筒箫曲与贵州其他民间箫笛乐相比,在乐曲内容、演奏技巧和乐曲编创等方面,器乐化程度最高。

重要价值:①音乐价值。直箫、大筒箫音乐是中国民族民间器乐的一个组成部分,也是贵州苗族音乐中的奇葩。大筒箫的器形是民乐里极少见的倍低音竹管乐器,它在一定程度上可以弥补我国民乐里倍低音乐器的不足,也是中国乐器化程度较高、可演奏复杂曲目的倍低音竹管乐器。②文化价值。直箫、大筒箫与民族民俗文化关系密切,其特殊的语言方式在民族生活中有着十分重要的作用,是当地苗族生活中含有多种社会功能的文化载体。③艺术价值。直箫、大筒箫曲与其他民间箫笛乐相比,在乐曲内容、演奏技巧和乐曲编创及旋律、调式特色等方面,器乐化程度最高,具有音乐学研究的价值。

总之,盘县马场滑石板村苗族直箫乐的发展历经艰辛,每一位传承人用他们的执着追求,守护着苗族传统文化,保护着民族之根,在新的历史环境下,倍受经济全球化的冲击,我们只有通过多种方式,才能更好地保护这份民族传统文化的家园,让这属于民族的、填补着民族倍低音竹制乐器空白的大筒箫放出更璀璨的光芒。

布依族铜鼓乐

布依族铜鼓乐是指传承于陇脚乡布依族家族陈氏家族和韦氏家族的一种铜鼓演奏音乐。陈氏家族和韦氏家族世居在六枝特区陇脚布依族乡月亮河畔,两姓人家共300多户,1500余人口。

陇脚布依族乡位于六枝特区西南部,地处东经105°、北纬26°之间。东与折溪乡隆茂村相连,南与郎岱镇青菜塘村交界,西与中寨乡补许村、木则村接壤,北与新窑乡二塘村毗邻。乡政府驻地相距特区政府所在地约34公里。全乡总面积54多平方公里。可耕地面积9280余亩,其中水田8040余亩,旱地1240余亩。气候为亚热带湿润气候,年均气温15.3℃;年均降雨量1405毫米;平均海拔1200米;无霜期298天。陇脚布依族乡辖11个行政村:花德村、那海村、新春村、新田村、补雨村、陇脚村、月亮河村、牧场村、郭家寨村、大坝村、何家寨村,72个村民组,总人口约1.26万人。乡内民族以布依族为主,少数民族总人口7380余人,占总人口的58.3%,其中布依族人口3720余人,占总人口的29.4%,陇脚布依族乡为六盘水市唯一的一个纯布依族乡。陇脚乡地理环境呈东高西低走势,月亮河横贯全乡8个村30

余个村民组,自东向西经中寨乡进入晴隆境内汇入北盘江,形成“东水西流”的独特流向,著名的“月亮河夜郎布依文化生态园”位于其境内的月亮河畔龙山区域。布依铜鼓调主要流传于陇脚乡的花德、补雨、新春、陇茂、木则、月亮河等村。

布依族是云贵高原上的土著民族之一,与古代的“僚”“百越”“百濮”有渊源关系,早在春秋时期,六枝地域上就有著名的牂牁国,铜鼓作为礼器已经出现;布依族的传统宗教经典《摩经》,也包含了布依族铜鼓的许多信息,为研究布依族的铜鼓文化保留了许多珍贵的历史资料。陇脚布依铜鼓调为布依族铜鼓文化保留了较为完整的演奏曲谱,是布依族器乐文化长久以来积淀的结晶,寄寓了布依族人民历史发展进程中的习俗、信仰等精神理念。陇脚布依铜鼓是布依族人民将铜鼓文化与生活轨迹紧密结合的典范,以铜鼓曲目的方式传承历史,在历史学、人类学等学科研究中具有不可替代的作用。它所形成的独特的文化记忆,对布依族文化史、音乐史、艺术史乃至布依族人民的精神、气度、品格、行为产生了持久而广泛的影响,是布依族文化的杰出代表之一。

布依族铜鼓(周友武 摄)

布依铜鼓是一种集冶炼、铸造、雕刻、装饰、绘画、音乐、舞蹈和宗教于一体的文化现象,也是融政治、经济、文化于一体的文化实物,是中国古代南方少数民族创造的独具特色的青铜艺术作品。在布依族人民的心目中,铜鼓象征着财富、权力和团结。陇脚布依族乡铜鼓调由来已久,其中陈氏家族与韦氏家族传承得最为完整,据韦、陈两家家族老人讲,因为布依族没有自己的文字,具体的传承历史无详细的史料记载,家族的鼓谱是由先辈人一代代口头传诵传承,直到 20 世纪中期,才有用汉字的谐音文字来记载的鼓谱，用来传承铜鼓调，传承至今至少已有十多代。

陇脚乡布依铜鼓调基本情况如下。

1.陈氏家族铜鼓调鼓谱的基本内容

陇脚布依铜鼓调鼓谱共分十二调，由十二个字反复重叠和交叉组合而成，每一调中就只有几个字。其读音和敲击的部位也有所不同。

第一调《丹共》；第二调《丹得内》；第三调《山云》；第四调《丹烈》；第五调《借共》；第六调《正吉正》；第七调《山干》；第八调《刀立帽》；第九调《借老》；第十调《成挂刀》；第十一调《借拜》；第十二调《山云》。

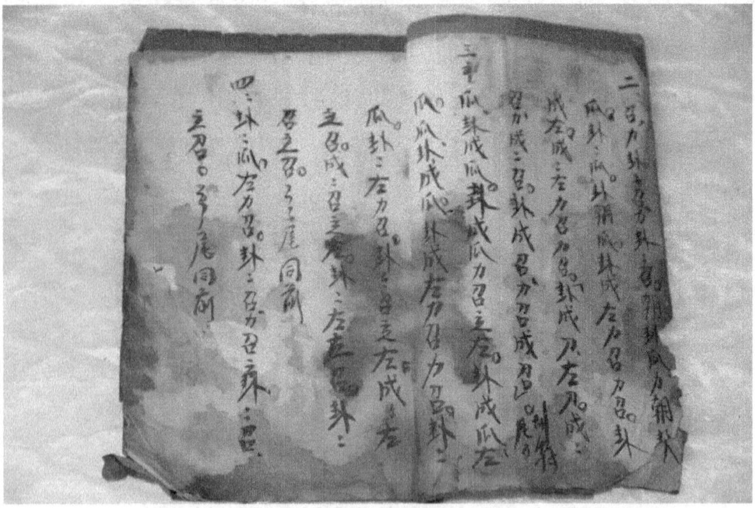

陈氏的鼓谱(周友武　摄)

2.韦氏家族铜鼓调鼓谱的基本内容

韦氏铜鼓调共有十六调，每一调则由“召、成、立、卦、瓜、借、车、脚、幺、朝、大、仲、颉、刀、貌”十五字组成，每个字敲击的部位都有不同，每一调则代表不同的意思，不同调的组合形成不同的曲目，每一曲目寓意着不同的文化内涵，不同的寓意描绘着布依族人民多彩的历史轨迹，诉说着布依族人民的丰富生活情感。韦氏家族铜鼓鼓谱的演奏注重节奏、姿态、气势，敲击时节奏就有快有慢，以表示敲击者和节气的气氛。所以，韦氏鼓谱不能乱敲，要遵循一定的规律。

主要特征：①十二调鼓谱由“召、成、挂、立、左、刀、瓜、借、车、正、吉、帽”十二个字组成，代表一年12个月，每个字敲击的部位都有不同，表达的意义也不同。②可以多人合奏，也可单人敲击。③第三调在整个十二调鼓谱演奏中一共使用了五次，成为每两调之间的间奏曲。

铜鼓演奏(周友武　摄)

重要价值:①音乐学价值。陈氏布依铜鼓共分为十二节,每一节都有相应的韵律,对研究民族乐器的发展历史有着重要的作用。②艺术价值。铜鼓独特的敲打方法,极易让人产生感情上的共鸣,充分体现出陈氏铜鼓器乐文化的渲染力;布依族铜鼓不仅可以在祭祀场合表演,而且还可以在迎宾待客中表达布依族人民热情好客的习俗,其艺术鉴赏人群是广大平民百姓,有着民间艺术与老百姓的凝合力。③文学价值和史学价值。铜鼓上各式各样的花纹,寓意了布依族历史发展进程中的习俗、禁忌、信仰等,其所形成的独特的文化记忆,对布依族文化史、音乐史、艺术史乃至布依族人的精神、气度、品格、行为产生了持久而广泛的影响,它是布依族文化的杰出代表。④民俗学价值。陈氏布依铜鼓十二调,是集祭祀、习俗为一体的文化活动,有助于对布依族同胞实际生活及其观念、心理的考察、理解与研究。⑤社会价值。以陈氏铜鼓十二调为代表的布依族传统器乐文化,是千百年来布依族文明积淀的结果,在振奋民族精神、增强民族凝聚力、促进社区安定团结方面,有着极为重要的作用,对民族精神、思想、感情、意志、行为等都有着巨大的影响。

存续状况:在经济全球化和现代化的进程中,陇脚布依族铜鼓调正面临着历史上前所未有的急剧变迁。①由于陇脚布依族的生活方式以及居民世界观、人生观和价值观正在发生巨大的变化,绝大多数布依族青年对本民族的文化认识不到位,缺乏民族文化自信,使得现代流行音乐以强势文化产品逐渐占据了本民族生活。②由于大量外来文化的融合,其传统文化的传承方式主要是靠口传心授,随着老艺人的相继逝去,很多具有历史价值的传统曲目消失,部分有心人想据为己有,极欲篡改并拥有鼓谱的所有权。③贫穷的生活使得大批年轻人离开生养他们的土地而外出务工。缺少年轻人的参与，昔日浓郁的布依族铜鼓氛围不再。这些都使得陇脚布依铜鼓调处于濒危的状态。

陈氏家族铜鼓传承谱系如下。

陈氏家族铜鼓及十二调鼓谱传承的顺序依次如下。

第一代传承人：陈卜管；

第二代传承人：陈应贵；

第三代传承人：陈启茂；

第四代传承人：陈得龙、陈得凤兄弟；

第五代传承人：陈国栋、陈国才、陈国龄几兄弟；

第六代传承人：陈祚宪、陈祚红、陈祚中、陈祚秀等兄弟；

第七代传承人：陈永贤、陈永科、陈永装、陈永彦、陈永昶等兄弟；

第八代传承人：陈忠岳、陈忠泰、陈忠祥、陈忠恒、陈忠生等兄弟；

第九代传承人：陈如才、陈如伦、陈如学、陈如江等兄弟。

陈如江，是六枝特区陇脚布依族乡花德村花德寨人，是陈氏家族十二调铜鼓谱的当代传承人，也是陇脚布依族乡中学教师。

传承人陈如江和家传铜鼓（周友武　摄）

卷三 传统舞蹈

国家级非物质文化遗产

苗族芦笙舞

水城苗族芦笙舞（箐鸡舞）是苗族同胞在聚会时表演的一种集体竞技舞蹈，起源于苗族“老谱”在民族斗争及生产生活中的经历，尤以水城县南开乡“小花苗”支系民族的芦笙手所跳的舞蹈最具代表性。南开苗族彝族乡位于水城县北部，东接青林乡，南邻保华乡，西伴木果乡，北靠金盆乡。全乡辖14个行政村，165个村民组，40136人，其中少数民族17900人，占总人口的44.6%。

箐鸡舞以独特的“矮桩功”著称，它是研究苗族文化的活化石，对挖掘、整理、研究“小花苗”支系民族的繁衍、迁徙、征战的历史着有重大意义。它的影响力辐射钟山、纳雍、赫章等县（区）“小花苗”族支系村寨，是黔西北“小花苗”支系民族特有的民间舞蹈艺术，也是“小花苗”支系民族区别于其他民族的重要文化标识之一。

箐鸡舞表演者主要是水城县南开苗族彝族乡的芦笙手，该乡地处云贵高原腹地，坐落在乌蒙山南麓的崇山峻岭之中。水城县东邻六枝特区和纳雍县，西接威宁县和云南宣威市，南抵盘县和普安县，北与赫章毗邻。全境南北长125公里，东西宽75公里，总面积3641.77平方公里。

花场比赛（杨智粼　摄）

南开苗族彝族乡位于水城县北部，东接青林乡，南邻保华乡，西伴木果乡，北靠金盆乡。南开旧称“喃吡”，苗语意为“官家之地”。1946年，以乡西南地势开阔之特点取名为南开。全乡辖14个行政村，165个村民组，10613户40136人，少数民族1500户17900余人，占总人口的44.6%，土地面积138.58公里，耕地面积

85634.85 亩，占总面积的 41.22%。

南开乡境内地势大部分为冲子地和麻窝地，海拔 1530~2139 米，年均气温 12.2℃，最高为 31.7℃，最低为-11.6℃，年均降雨量 1124 毫米，无霜期 239 天，水土流失严重，流失面积 2334 公顷，占总面积的 16%，生态环境恶劣。毕水公路横穿境内，阿勒河流经乡境，流程 15 公里。是水城县典型的农业大乡。

传说在很久以前，蚩尤部落战败，遗下的一支苗族（小花苗）历经千辛万苦，来到以那古国的黑洋大箐，建立老谱苗寨。

苗寨中有家兄妹俩，哥哥叫来方乃蚩尤拉母绕，妹妹叫来方乃蚩尤谷阿诗，二人生性活泼可爱，智慧超人，母亲常给他们讲苗家生活中大小数千万次战斗中的经历，兄妹俩遂按照故事情节吹笙跳舞，但是每套动作的组合均不连贯，不如人意。黑洋大箐古树丛生、禽兽遍野，箐鸡更是数不胜数，箐鸡每一次争夺山林都给予兄妹俩启发，兄妹俩于是模仿箐鸡在林中啄食、嬉戏、打闹、格斗的动作，舞蹈就此产生了。从搭桥、搭人梯、悬羊击鼓、仰望、跋山涉水、叠罗汉、猴儿搬桩、鹞子翻身到滚山珠等芦笙舞蹈都在"箐鸡舞"中按部就班，同时加以战争中的动作和生产生活习俗习惯进行组合，边舞边发挥，便形成了箐鸡舞。

之后，兄妹俩经常吹笙跳舞，自娱自乐，引起了寨上男女老幼的关注，也激起了他们对箐鸡舞的兴趣。农闲时，田边地角、家中院内寨中的青年男女都跟着兄妹俩表演，老传小、长传幼，世代相传。

随着时间的推移，人们将箐鸡舞不断改编，逐步形成了一整套劳动情节和历史故事相融合的舞蹈动作，其表演形式也随着芦笙节奏的变化得到不断的充实和完善。

20 世纪 50 年代末，有"黔西北芦笙王"之称的张文友代表中国参加第六届世界青年联欢节，并得到了周总理的亲切接见。

1989 年 7 月，南开偏坡苗寨的苗族芦笙舞蹈艺术家祝兴荣、祝兴智兄弟俩在美国华盛顿举办的有中国、苏联、日本、德国参加的四国艺术节上，以粗犷奔放的舞姿、变化多端的演技、干净利落的步伐、激烈快速的旋转及出色的脚下功夫将箐鸡舞推向高潮，给外国朋友留下了难以忘怀的印象。

南开芦笙及箐鸡舞远近闻名，吸引着专家、学者前来观摩采风。南开芦笙舞表演队也先后多次参加省内外大型文艺活动演出。

箐鸡舞用于比赛或表演，可以单人、双人、六人、八人、十二人、十六人进行的群体性舞蹈，其动作特点是大幅度的运动与优美舞蹈相结合，比赛或表演时，要求每个参赛者步伐轻快灵活。双脚下蹲时，大小腿垂直，上身平稳，姿势大方美观；弹跳时，双脚速度要快；跨步时，脚腿要刚健有力；旋转时要形成圆圈，旋体快速；倒立时，头顶着地，两脚朝天。箐鸡舞的出场、散场均以祈福纳祥、竞技献艺为主。随着时间的推移，那些禽兽形象被赋予了灵性，自然而然形成一整套约定俗成的表演程序，包括金鸡颤步、蜻蜓点水、练兵、点将、游龙翻身、猴儿搬桩、鹞子翻身、悬羊击鼓、骏马奔腾、争霸山林、滚山珠、金鸡独立等仿动物舞步。其演出具体内容如下。

眺望（杨智鄰 摄）

（1）努冷豆叨（金鸡颤步）：头戴箐鸡翎英雄冠的芦笙手们，以一脚独步着地仿箐鸡跳舞步，右一脚侧抬抖动、开胯、模仿箐鸡翅膀之颤动形象先后出场，边吹笙边用上身学箐鸡的动作。身体向重力脚方向倾斜，以演出场地中心为轴顺、反时针左脚跳步起舞。

（2）都古冬林（蜻蜓点水）：舞者双脚前挪跳一步，侧前脚尖点地，膝微屈，右转体 1/4 圈，后脚划圈点提，左右各扫腿旋转一圈。

（3）卡冬朵（练兵）：舞者深蹲跳一步，落成左腿直腿前伸，脚跟着地，后左右脚反旋，重心前挪后移，左脚跟上左右全蹲，正反转圈完成。

（4）是懂享（点将）：舞者甲下板腰，双膝和头着地，挺腹，舞者乙、丙搭人梯，乙双脚站立甲腹部上。

（5）绕争阿鸡（游龙翻身）：形容在战斗时，爬坡下坎前进后退迂回作战，动作迅速犹如游龙翻身，表演者的头、脚着地，身体曲而悬空，以头为轴心，脚为外圈，不断的 360 度大转身回旋。身体保持曲形，翻一圈，旋转一次，芦笙从腰部转过不许着地。

（6）脸卧阿朵（猴儿搬桩）：舞者甲下板腰，头、脚着地，挺腹，舞者乙侧身倒立在舞者甲腹部上。

（7）来咋史底争阿叽（鹞子翻身）：手捧笙、笙不离嘴，小跳起步，左右侧空翻。

（8）坑姚嘟打（悬羊击鼓）：舞者左或右侧身做倒立，左大腿转翻屈伸似击鼓状（笙声不断）。

（9）能绕孤叨（骏马奔腾）：双脚小跳，前后左右，来回穿梭，腾挪，腿成弓步，深蹲做冲刺状。

（10）丫夺比知吧夺（争霸山林）：芦笙手身（头饰箐鸡翎冠）旋，转体，以芦笙作鸡头，摆好姿势，甲、乙双方相撞跳高，仿箐鸡格斗，舞蹈起来，一脚不着地，单跳步，向前猛撞对手，一来一往，追逐比舞。

（11）子罗夺（滚山珠）：仿穿山甲、刺猬类的动物被追赶时，将身体缩为一团顺山滚下，形似“山珠”，舞者以头为轴，往左或右顺时针、反时针、借腹肌及胯之力串身转圈，绕回出发点算一轮。

（12）努泠阿知（金鸡独立）：结尾动作，舞者（甲、乙、丙、丁）搭人梯后，走一小圈，站在肩上的舞者，单脚着肩，头仰，后脚踢腿，左右做展翅欲飞状，结束后，单脚立肩，左手抱右腿与身体直立，右手举笙即成。

眺望（杨智粼　摄）

在人类进化的漫长历史上，野生动物与民族的生存、发展有着极其微妙、密切的关系，从而产生了以“天、神、人、兽（禽）”为中心的种种神话。可以说，“小花苗”支系民族表演的“箐鸡舞”是苗族芦笙舞中最美、最好、最难的动作。它仿照战争变迁中的每一个动作和仿动物乐舞动作，将苗家生产生活习俗与许多杂技体操融为一体（芦笙摆的基础动作大部分有蹲、转舞步），干净利落，变化多端，粗犷奔放，具有独特的剽悍性格。其舞姿优美，层次分明，头、脚、腰巧妙摆动与舞蹈的艺术技巧融为一体的独特性能，舞至高潮激烈时，令人眼花缭乱。

芦笙的演奏范围：可以在祭祀（特别是苗家办丧事时吹奏的特别多）、提亲、喜庆节日、朋友兄弟相聚、走村串寨时吹奏。

芦笙的演奏形式：全体演奏（边吹边舞）、2～4 人重奏、独奏（边吹边舞）；可以跟木鼓共奏（苗家专用“夫妻鼓”）。

重要特征：①芦笙舞系由苗族中黔西北“小花苗”支系民族村寨内部家族式自发形成，以芦笙技巧舞蹈为表现形式，以竞技为主要目的，以求得异性的称赞与族人的尊重而展示；②表演中有纪念祖先历史、祈祷繁衍生存、联络族群情感、传统竞技、婚恋社交、展现服饰艺术等多方面的内容，丰富多彩，具有深厚的历史文化内涵；③具有一整套按自己支系习俗形成的舞蹈程序和表演方式，以及仿禽兽、仿战争中的动作，展示生产、生活习俗习惯等，充分体现了黔西北苗族人民的聪明才智和富于艺术创造的特色。

重要价值：①南开苗族芦笙舞（箐鸡舞）是研究苗族文化的活化石。承载着苗族许多重大历史文化信息和原始记忆的箐鸡舞，对挖掘、整理、研究“小花苗”支系民族产生历史有重大意义，是民间舞蹈艺术的民族风情博物馆，具有独特的历史文化价值。②“箐鸡舞”是南开“小花苗”支系民族独有的芦笙技巧舞蹈。由苗族中黔西北“小花苗”支系民族村寨内部家族式自发形成，以芦笙技巧舞蹈为表现形式，以竞技为主要目的，以求异性的称赞与族人的尊重而展示。③具有民族认同感。南开苗族芦笙技巧“箐鸡舞”流行于钟山、纳雍、赫章等县（区）“小花苗”支系民族村寨，原汁原味地保留了“小花苗”支系民族民间传统芦笙文化舞蹈艺术风格。是黔西北“小花苗”支系民族特有的民间舞蹈和民间艺术的释放空间。对加强民族团结，增强民族体质，加强民族之沟通和相互了解等均具有十分重要的意义。④独特的“矮桩功”具有不可比拟的舞蹈艺术研究价值：其丰富的表演内容和独特的表现形式集中体现了黔西北“小花苗”支系民族的芦笙传统文化、舞蹈艺术精华。如其间表演的箐鸡舞以独特的“矮桩功”著称，有犁地、点种、割草、拌草面、斗鸡、滚山珠等动作；有搓甩步、旋转步、鸭子步、骑马步、摇摆步、倒脚步、扫堂步等舞步；其技巧有腾、快、蹲、准、跳、稳、弹、轻、闪、转、旋、翻、滚、跃、挪等特点。整个过程反映了苗族漫长的迁徙历史和生产、生活故事，堪称黔西北苗族芦笙舞的典型。⑤严谨规范的“花背”是考察研究黔西北苗族社会历史、生活习俗的重要实物资料。其表演的盛装服饰集织锦、挑花、蜡染、镶嵌为一体，工艺精湛，图案、配色极为讲究，加之佩戴箐鸡翎英雄冠，具有一定的象征和纪念意义，隐喻了该少数民族的迁徙战争史等。“花背”上的图案自古传承，极少变动，具有规范性和稳定性，图案包括宇宙自然、动物、植物、生产生活用具等，集中反映了该民族的审美意识和思维意识，蕴藏了大量的文化信息，是考察研究黔西北苗族社会历史、生活习俗的重要实物资料。

省级非物质文化遗产

彝族铃铛舞“恳合呗”

彝族铃铛舞亦称跳脚，彝语称“恳合呗”，意为灵休告别舞。“恳合”指祭祀礼仪中唱经的歌，“呗”即跳的意思，又称“跳脚”。合起来就是通过舞蹈表演的形式加上歌师的诉唱来祭奠死者的意思，是彝族先民在祭祀教化活动时按伦理辈分和长次举行高歌创业公德的骑马战状舞蹈。是彝族人民在祭祀场中演跳的一种传统民间舞蹈。新华村彝族铃铛舞在先秦时期就已有雏形,称“金铃舞”,是为了祭奠亡灵、告慰亡者的祭祀舞蹈,到了清末该舞蹈始用于其他节庆民俗活动。在乌蒙山脉彝族铃铛舞的存续中,新华村的铃铛舞由于其传承的严密性和舞蹈所具有的代表性,而起到了不可替代的作用。新华村完整地保留着彝族铃铛舞的原始形态。

汪家寨镇新华村位于六盘水市钟山区西北部,北与毕节地区的赫章县珠市乡以那村、雉街乡大凉山村相连;西接威宁县猴场镇木块村;东接水城县木果乡海秋村,有村级公路与外界相通。距镇政府所在地 12 公里,距市中心 50 公里。

该村地势以山地为主,地形为喀斯特地貌,四面环山,村落聚居点海拔较高,坐落在乌蒙山脉腹地贵州最高峰韭菜坪主峰东南部,位于海拔 1850~2390 米的梁山地区,年降水量 1250 毫米,年平均气温 12.3℃。有一条坐北向南的大峡谷纵贯全村,一条长约 2 公里的溪流由北向南从村中穿流而过。洋芋、玉米为该村主要农作物。

全村人口 1985 人,村中居住着彝、汉、苗等民族,彝族人口 1402 人,占全村总人口的 70.6%,是一个彝族人口较为集中的村寨。

坡上的铃铛舞(何酉食　摄)

铃铛舞具有载歌载舞的显著特色,歌与舞相互应和:有先歌后舞、边歌边舞等形式,歌舞相间,舞者动作由舞者手中所握的铃铛来指挥。通过祭祀活动,跳“恳合呗”,唱祭祀礼仪之歌,以尽子孙之孝,祭奠逝者,安慰生者。

铃铛舞所表现的内容是彝族人民传统的生产生活场景,经过艺术化处理,内容健康，风格朴实。由于彝族有婚嫁、丧葬皆歌舞的习俗，铃铛舞又具有广泛的群众性，因而得以世代相传，并保持着完好的原生状态。原始的彝族铃铛舞仅限男性演跳，而现在由于观念更新，女子也加入其中，而且场景不限，节日、喜庆、农闲时都可以演跳。

据《西南彝志论歌舞起源》记载，彝族"铃铛舞"据传起源于春秋战国时期的古代彝人的实旬部落。该部落善于狩猎，因误伤一只猿猴（彝语"挪母"）见其与人相似，便以为是自己祖先，于是族人们聚在一起边唱边舞举行祭祀，称"实旬挪母斋"，所唱之歌称"恳合"，所跳之舞为现在流传的铃铛舞，俗称"跳脚"。

另有传说，相传古代彝人部落有一首领和皇帝之女相爱，遭到反对，二人逃到黔西北的大森林里居住，后遭追杀，部落首领跳崖身亡，其尸首腐烂于半山腰，族人担心乌鸦啄食和尸体腐烂生蛆，或鸣枪放炮，或以手挥赶，或手持铜铃摇吼，驱赶乌鸦，俗称"搓蛆打老鸹"，该舞蹈在这一时期初具雏形。

"恳合呗"本为祭祀舞蹈，有告别、悼念死者之意，为乌蒙山脉彝族传统舞蹈。新华村的"恳合呗"是当地人们悼念死者和节庆民俗活动的一种精神生活方式。

彝族先民在战场上牺牲的武士或去世老人，人们会将其妥善安葬并为其唱歌、跳舞，"恳合"就是人们为悼念死者的灵魂所特有的一种歌唱方式。

"恳合呗"在其久远的历史传承中，不断地发生一些变化，主要表现在舞蹈的表演形式和舞蹈性质上。

表演形式：原始的彝族铃铛舞仅限男性演跳，铃铛舞表现形式雄浑悲壮、豪放粗犷，两队舞者作跃马扬鞭状，相向而来，纵横有序，变幻无常。舞蹈以鼓、铜铃铛为节拍，控制节奏的铃声，以协调的叫喝声起舞，用铃声调节动作，铃声时而急切昂扬，时而缠绵细腻。一个连一个的高难动作，翩若惊鸿，舞如蛟龙。把彝山汉子在战场上勇猛威武的血性气概表现得淋漓尽致。在铃铛舞形成初期，因其主要为军队检阅或婴孩出生时所用，因此舞者均为男子。后铃铛舞流行于各地方后，也有女子参加，使舞蹈更加绚丽多彩，但保存着古朴雄浑的风格，具有很强的感染力。

彝族铃铛舞表演中，主要动作有十二个。最先的铃铛舞由多人组成，可多达百人，现可几个或上百人同时起舞，但一般为四人跳，舞队成员彝语为"骂哟"（意为兵将、勇士），四个勇士各站一方，表示把关四个方向，预防外敌入侵，维护彝族人民自己的政权、保护自己的民族和家园。

舞蹈性质：祭祀时，舞者右手执马铃铛，左手执彩带。在祭祀开始后，按主先客后、辈分大小秩序，各家带领人马扛彩旗，敲锣打鼓，吹长筒号、吹唢呐，点灯笼火把，浩浩荡荡，围绕灵房绕场，舞队随之边绕边舞，两人扛五彩纸马，在队伍中穿插。绕至灵前空地，绕灵队伍要绕成太极图形。绕灵结束，歌舞者回到灵柩前跳舞，歌师对歌,然后摆出各种阵式,跳舞对歌。

跳舞之前要先唱"恳合",然后按先歌后舞、先主后客、先大后小的秩序,井然有序。舞时,舞者左手执马铜铃(喻武器),右手拿彩带,女穿蓝底或黑底彩布贴花对襟长衫,腰部系红底白边分衩围腰;男上穿镶边绣花马甲,下穿宽腰大裤脚的吊裆裤。舞者以腰部为轴心,腰、腹来回扭动,步伐交错,手脚同舞,相互背驮,相互执结,进退有序,铿锵有力,节奏明快,有步步逼人的之感。

舞者在舞动的时候,观望的族人们或打灯火照明,或鸣枪放炮、呐喊助威、拍手称赞,整个场面犹如骏马奔腾,气势恢宏、豪迈。

丧葬祭祀跳脚为传统仪仗式舞蹈,分"串火塘""搓嘎""祭奠""解送"等节段,一般由 4~8 人组队表演。舞者均为男性,着长衫白褂,系红围裙,一手执"腊朵罗"(手铃或马铃铛),一手执白帕或白纸带(俗称"手拂子")。舞蹈时以手铃挥晃击拍,以白帕伴随律动,并伴以歌声。舞步主要为四步踏进式:舞者出场时先持铃弯腰,左右律动击节四次起舞;第一步直立迈左脚,双手向左上方挥出,同时猛摇手铃挥击帕;第二步迈右脚前跨,对称性重复摇铃挥帕击节动作;第三步左脚向后划半圆转体 180 度面向后蹲下,同时双手在身体两旁摇铃挥帕击拍一次;第四步以左脚为重心,右脚传动转体 180 度,还原第一步的面向,两面手仰体向后上方挥出摇铃击拍一次。前两种动作称为"打鸟",后两种动作谓之"踩虫"(俗称"搓蛆打老鸹")。在部分地区跳脚舞中还有两人持花棍前引相伴,舞步为走一步原地踏跳一步,双手持花棍中部按节拍律动要出各种动作。以引领整个跳脚队的前进后退或舞姿变换统一等。除以上基本动作外,舞蹈中还常伴有"青蛙晒肚""老将扛枪""双龙摆尾""猴儿扳桩""金鸡独立""背门板""叠罗汉""前后滚翻"等特技动作造

坡上的铃铛舞(何酉食　摄)

型。跳脚舞动作大起大落、节律铿锵、除手铃击节外，全靠舞者高歌伴舞，歌词中常以大量的“呵、丝、哈、密、克、嘎”等作衬词，以壮声势，气氛豪放悲壮，场面壮观。

了望（何西食　摄）

主要特征：①群众性和口传心授。彝族铃铛舞“恳合呗”一般为四人所跳，现在多达上百人同跳，为集体舞，参与者胜众，具有广泛的群众性和民间传承性。“恳合呗”的传承方式为口传心授，每一位彝人即是舞者。②彝人勇士形象的再现。“恳合呗”组成舞队的队员称为“骂哟”（意为兵将、勇士），四个勇士各站一方，表示把关四个方向，预防外敌入侵，维护中央政权，保护自己的民族和家园。彝族先民是一个勤劳、善良的民族，同时也是一个尚武的民族。“恳合呗”中，我们不难看到，彝族先民在与外族发生冲突时征战沙场的武士动作。③祭祀性。彝语“恳合呗”意为“告别灵魂的舞蹈”，原为告别、悼念死者的祭祀舞蹈，今天，也发展为容祭祀、庆典于一体的集体舞。④无伴奏、边歌边舞。无任何伴奏，全凭舞者相互之间的默契，以手中的马铃声响为节奏，边歌边舞。舞前，先唱“恳合”即用彝语唱悼念歌，歌毕即起舞。

重要价值：①观赏性极强。该舞动作古朴简单，铿锵有力；节奏明快，场面热烈；步伐交错，进退有序；舞者腰肢前后左右扭动，或前俯后仰，或相互背驮，有步步逼人之感。舞时，族人们或打灯火照明，或鸣枪放炮、呐喊助威，整个场面犹如骏马奔腾，气势相当豪迈、恢宏，而且撼人魂魄，审美价值很高也极具观赏性。②叙事性极强。“恳合呗”本为祭祀舞，整个舞蹈内容体现出了对死者生时的回忆，讲述了死者生前开荒根种、狩猎、养育儿女至长大成人的整个过程与艰辛。③原始古朴,具有很高的研究价值。"悬合呗"动作原始古朴、简单大气,无伴奏唱跳合一,舞蹈内容本身就是一首完整的对先人、对亡灵的赞美诗,同时又是一本彝人历史的回忆录,对研究彝族部落历史、征战、民风、民俗、宗教信仰、服饰、音律等有着不可估量的价值。

羊皮鼓舞

鸡场坪彝族乡位于盘县北部,距县政府 69 公里,属盘北中心地区。东与淤泥和旧营两乡接壤,南与滑石乡相连,西抵柏果镇,北邻松河乡。全乡东西长 18.45 公里,南北宽 13.20 公里,总面积 111.074 平方公里。乡辖 13 个行政村,1 个居委会,173 个村民组,153 个自然村寨,4 万余人口,是一个彝、汉、水、白、苗、布依等多民族杂居的典型的纯农业大乡,森林覆盖率为 27.6%。

羊皮鼓舞最初主要流传于贵州省六盘水市盘县的刘官屯、鸡场坪、羊场等乡镇,尤其以鸡场坪乡的羊皮鼓舞最具特色。

羊皮鼓舞是一种源于民间道坛娱神傩舞,它是一种祭祀舞蹈。六盘水市境内羊皮鼓舞流传于盘县的刘官屯、鸡场坪、羊场等乡镇的汉族中,其中鸡场坪乡的颇具特色。其表演时有判官、和尚、观音、土地、彝王 5 个角色。表演人数的多少视情况而定,不低于 2 人,一般是 3 人,也可以十几人一起表演。表演时对服饰没有特殊的要求,也没有固定的跳舞场所。

鸡场坪乡的羊皮鼓舞据传起源于明洪武年间,是人们在生产劳动中观察动物的形态及掌握一些自然规律的基础上而形成的大型综合舞蹈,它是由原始的傩仪舞演化而成。史书记载,远在春秋战国时期,傩仪舞就颇为盛行,到唐代尤盛,并有浓厚的娱乐成分。整个舞蹈分三个部分,即二十四段歌鼓、三十六段花坛、七十二段大堂。每个部分相对独立,但又互相连贯。每个动作都有相应的名称和优美动听的故事内容。鸡场坪乡的羊皮鼓舞也深受这种文化历史的影响,其原始形态就基本上为这样的傩仪舞。但是,鸡场坪乡的羊皮鼓舞在彝、汉地区的流传中,深受彝族歌舞文化的影响,逐步形成了带有浓厚彝族文化色彩的羊皮鼓舞,并且也基本上完成了从傩仪舞蹈向半娱神半娱人的、观赏性极强的民间舞蹈的转化。现在鸡场坪羊皮鼓舞传承人为钱不宽,据其介绍,羊皮鼓舞为祖辈相传,在他这一代至少已经八代,最早的时候祖上随明朝大将王冀镇守现咸宁一带,后到盘县定居,那时已经有羊皮鼓舞。钱少宽现把羊皮鼓舞的舞蹈动作总结为跳“二十四婆”,使羊皮鼓舞的舞蹈动作有了明确的程式。

舞者在舞蹈时其舞步基本上都是模仿各种动物的动作创作演变而来的,现其归纳的“二十四婆”有:小七星、小八字、大八字、小开门、以搓连、兔儿刨坑、一步三点、喜鹊登枝、北斗吊北、金线提银灯、黄龙摆尾、白马悬蹄、仙人接脚、枯树盘根、癞牛搽痒、黄莺晒翅、犀牛望月、罗汉打盹、母猪搽痒、羚羊厮打、苍蝇搓脚、美女串花、秦王出师、仙人搭桥。

羊皮鼓舞表演时伴奏主要为羊皮鼓、锣。舞者听鼓声、锣声迈步,队形多变,动作原始古朴,情节随鼓锣声展开,起伏跌宕,并且充分展现了男性的阳刚大气,极具观赏性。羊皮鼓舞具有很高的舞蹈艺术研究、历史研究价值。

表演羊皮鼓舞表演时所需道具有羊皮鼓一面、面具五张、牛角一只等。

羊皮鼓:一般为自制,也有在其他制作鼓的工匠那里定制,直径为 15 厘米左右,面上为羊皮,四周为木制,有时会在上面加上一些铆钉作为装饰。

传承人在排练羊皮鼓舞(谢丽红 摄)

面具:木质,一般为舞蹈者自制,分别代表不同的有同角色:红色带长胡须的为“土地”、黑色带马尾胡须的为“判官”、红色头上有天眼的为“和尚送喜”、面相慈善的为“观音送子”、黑色且气势威武的为“彝王孟获”,面具的使用有一定的规矩,根据相应的场合戴不同的面具。

牛角:一般使用成年大牛、造型好无扭曲的大角,牛角两面雕刻有龙的造型。

在表演时,一般是三人,多则十多人或数十人,在舞蹈中每人都有特定角色和

羊皮鼓舞面具(谢丽红　摄)

分工,并按一定的先后顺序入场:先是判官亮相、接下来是"和尚送喜"和"观音送子"同时上场,再后才是"土地"和"彝王"。表演中,敲鼓者边敲边跳,打锣者边打边舞,其余各人均需边唱边跳。

唱者所唱的内容一般有一定的定式,大都为历史故事,主要表现历史人物、叙事等。

这样的舞蹈动作已经具备了舞蹈程式的意义,证明羊皮鼓舞已经发展成为一种非常注重舞蹈审美的民间舞蹈了。

基本特征:①羊皮鼓舞是彝汉文化的融合。由于羊皮鼓舞长期在彝族、汉族杂居地区流传,其道坛中的羊皮鼓舞深受彝族歌舞文化的影响,使羊皮鼓舞包含了汉族的傩舞和彝族的民间舞蹈两种元素,表现了彝汉多方面的文化,并且成为羊皮鼓舞的基本特征之一。②模仿动物动作。在羊皮鼓舞中,羊皮鼓舞的动作基本上都是模仿动物动作,比如黄莺晒翅、犀牛望月、母猪搽痒、羚羊厮打、苍蝇搓脚等舞蹈程式。这些对各种动物动作的模仿十分有趣,与傩舞结合在一起的时候,其舞蹈意味是深长的,亦为彝族和汉族人民所喜爱。③非固定的表演时间和场合。羊皮鼓舞的表演场合不固定,只要高兴就可以随时表演,一般在彝族的火把节和汉族的元宵节等节日里表演,表示喜庆。此外,在彝族的丧葬祭祀仪式上,或者在平时也会请到家里表演,以此达到驱邪除魔的目的。

重要价值:①民族学、文化人类学、民俗学价值。羊皮鼓舞是汉族、彝族人传统

祭祀时的羊皮鼓舞(谢丽红　摄)

文化的突出表现形式,寓含汉族、彝族人的精神、信仰、价值取向,具有民族学、文化人类学、民俗学等多方的研究价值。②不可替代的舞蹈艺术价值。羊皮鼓舞包含了汉族傩舞、彝族民间舞蹈等多种内涵,并且形成了一个相对独立的舞蹈艺术形态,这在民间舞蹈艺术上有巨大的价值。纯粹的汉族神性傩舞比较多见,纯粹的少数民族神性舞蹈也比较多见,一般意义上的民族民间舞蹈我们亦多见,但融合了汉、彝两种民族多形式文化内涵的羊皮鼓舞蹈,就呈现出其不可替代的舞蹈艺术价值了。

卷四　传统美术

省级非物质文化遗产

梭嘎箐苗彩染服饰艺术

在贵州中部的六枝特区和织金县交界的崇山峻岭地区,居住着一个具有独特文化的苗族支系,集中分布在六枝特区梭戛苗族彝族回族乡境内,通常称为梭戛箐苗社区。长期以来,在特定的生活环境中,梭戛箐苗创造了古朴、独特的服饰文化,其中,又以彩色服饰艺术最具代表性,主要分为彩色蜡染服饰和挑花刺绣服饰两种,制作工艺以手工为主,从种麻、种染料、纺纱、织布、蜡染、挑花刺绣,到做成衣服,就地取材,自给自足。

梭戛箐苗彩色服饰(主要是女装)保存着许多古老的文化风俗信息,其核心和灵魂,是妇女们的纺纱织布、蜡染、挑花刺绣艺术,特别是古朴的彩色服饰艺术,一直保留到今天不变,成为梭戛"箐苗"文化艺术中的瑰宝。这些艺术变成了服饰上极其丰富的图案、线条和种种表意、象征的符号,构成了箐苗文化的重要内容。本民族的长者可以从服饰蜡染刺绣图案及变化多姿的纹样中,解读出每一种图案的含义、每一根线条所象征的内容,从中读出民族历史上的战争与生产、崇拜与禁忌,乃至民族迁徙过程、重大事件、神话传说等,可以说梭戛箐苗彩色服饰上的蜡染刺绣是一种隐喻性的民族文字和民族的史书。

盘头饰(周友武　摄)

梭戛箐苗彩色服饰艺术分布于梭戛箐苗社区12个村寨,即六枝特区梭戛苗族彝族回族乡安柱村安柱寨,高兴村陇嘎寨、小坝田寨、高兴寨、补空寨,新华乡新寨村大湾新寨、双屯村新发寨;织金县阿弓镇长地村后寨,官寨村苗寨、小新寨,化董村化董寨、依中底寨。

苗族历史源远流长,距今5000多年前,其先民在黄河下游及长江中下游一带,就已形成了"九黎"部落联盟。后来,逐渐演变为"三苗""南蛮(亦称'荆楚')""荆蛮”等称号。与此同时,退出原居地而南移,并逐渐向西北和西南山区迁徙,今天遍布黔、湘、滇、川、桂、鄂、渝、琼、陕、京 10 省区市,有一部分特别是讲川黔滇次方言第一土语的苗族同胞,还越过国境,到达东南亚各国,直至美洲、欧洲。长期以来,苗族人们以农耕为业,以迁徙求生存,以迁徙求发展,总是在一个地方驻足游耕一段时间,再去另一个地方重建家园。人们越走越远,越走越分散,形成了若干支系,而文化传统依旧不变。在漫长的岁月中,由一个母语文化演变成多种方言土语的子文化;所处不同的文化生态环境,演绎成多种不同的服饰文化,产生了各不相同的节日习俗和宗教信仰等,构成了一个庞大而复杂的苗族文化系统。

国家级传承人熊光珍(周友武　摄)

长期以来,他们生活在特定的高原环境中,创造了独特的物质文化和非物质文化(包括服饰文化、制度文化等)。据老人们回忆,梭戛箐苗彩色服饰艺术从他们迁徙到现在居住的村落时就已有之。

梭戛箐苗彩色服饰以女装为主,女装上衣为对襟交领窄袖平摆燕尾式。前襟齐腹,后片长至膝弯与裙齐。梭戛“箐苗”彩色服饰主要分为蜡染彩绘和刺绣两种。

蜡染彩绘服饰上衣多数前襟(对襟)两袖后背为蜡染彩绘,色调以黑红、黄、橙色为主,大襟为蜡染彩绘、挑花相混合,色调以鲜红、黄、橙色为主;少数前襟两袖为黑白蜡染,后背为蜡染彩绘,色调与前面的相同。刺绣服饰上衣主要分为全刺绣服饰和蜡染挑花刺绣服饰。全刺绣服饰上衣前襟两袖后背后片为刺绣,色调以黑红、鲜红、黄、橙、蓝为主。蜡染挑花刺绣服饰上衣为在黑白蜡染的基础上间以少数挑花刺绣,色调以红、黑、白为主。

妇女在给蜡染片脱色(周友武　摄)

蜡染(罗刚　摄)

裙为褶裥式,上部 5~7 寸为蜡染,下部分八道饰以挑花连续性横结图案,宽不及 1 寸,黑底麻质(现多用青棉布),裙长至小腿。着装时前戴黑色圆形羊毛毡挂兜围腰(童装改用刺绣围腰),可盛物、暖手,挂兜围腰胸带上配系白布挑花手巾若干;颈带铜质项圈;绑腿为羊毛毡制,脚穿翘头船形高腰皮底绣花鞋绣花布凉鞋。头饰为头上戴一长约 1.5 尺的木角,平时不盘发,盛装时再在长角上盘上长发(或毛线,或长发与毛线混合),形成巨大头髻(重约 2 公斤)。

箐苗盛装少女(周友武　摄)

梭戛箐苗彩色服饰(主要是女装)保存着许多古老的文化风俗信息,其核心和灵魂是妇女们的纺纱织布、蜡染、挑花刺绣艺术,特别是古朴的彩色蜡染艺术,一直保留到今天不变,成为梭戛"箐苗"文化艺术中的瑰宝。这些艺术变成了服饰上极其丰富的图案、线条和种种表意、象征的符号,构成了箐苗文化的重要内容。

教孩子盘头饰(罗刚　摄)

盛装服饰(背面)(周友武　摄)

主要特征:梭戛箐苗彩色服饰艺术的基本特征,主要表现为古朴性、独特性和唯一性。用色大胆也是梭戛"箐苗"服饰的显著特点,其色调以鲜红、黑红、黄、橙、蓝、黑、白为主,并用蜡染彩绘和刺绣工艺。一套完整的服饰包括头饰、项圈、上衣、围兜、花手帕、百褶裙、绣花鞋等件套。

传统服饰(周友武　摄)

箐苗社区少有其他民族的人居住,其服饰文化至20世纪七八十年代还比较完整地统一保留在本社区内。头饰、服饰,古朴简洁,色调平稳。就地取材,工艺技术具有当地特色。

重要价值:①作为族群的文化标识。箐苗彩色服饰是最能代表该民族特征的文化遗产,无处不在向世人昭示:我们是苗族,我们来自黄河之滨、长江之畔,我们长途迁徙,历尽艰辛,我们有自己独特的文化……正是在这样的心态之下,苗家人才倾其心血去染、去画、去绣,去展示她们的情结。②历史学、人类学价值。"箐苗"没有自己的文字,其历史文化是靠口头文学和服饰艺术来表达的。他们不仅将历史传统倾注于口头文

花场中的青年男女(周友武　摄)

学中,更倾注于服饰艺术之中,主要表现在蜡染刺绣图案里,以服饰再现历史,成为“箐苗”传世的“无字史书”,在历史学、人类学等学科研究中具有不可替代的作用。③审美价值。“箐苗”彩色服饰艺术创造了许多独特的文化元素,具有很高的审美价值,不但为本乡本土的群众所喜爱,还受到海内外朋友的高度赞赏。

穿着民族盛装参加活动的箐苗少女(周友武　摄)

苗　绣

以海发村为代表的“小花苗”是坐落在黔西北的高原水城、纳雍、赫章相邻一带的苗族支系,操西部方言第二次方言第一土语。其装束不分男女老幼皆着白色外衣,上缀两块由各色图案拼接镶嵌面成的披肩,花纹繁多,色彩艳丽,俗称“花背”(“小花苗”即因此区分得名)。

花背为固定的结构形式,由主花、副花和镶边三部分组成。花背所缀外衣系用两幅各宽一尺许的麻布(男长 7 尺,女长 4 尺)对折缝合,后背连成一块,前襟对分两块片,有领无袖,无扣叉襟,着装时另束腰带,形成了特有的无袖披肩式。

花背的制作集挑花、蜡染、编织、镶嵌为一体,图案自古传承,具有严谨的规范性和稳定性,是研究黔西北苗族社会的“活化石”。

花背集中体现了“小花苗”支系的服饰艺术精髓,制作手法涵盖了“小花苗”纺织、蜡染、编织、刺绣、拼镶等工艺的所有内容,具有图案众多、寓意性强、色彩丰富、制作精细、承传稳定等特点,具有较高的历史文化及艺术研究价值。

花背制作费时费工,一个好的花背,往往需要耗去一个苗家妇女数月到半年的时间才能完工。

小花苗服饰(杨晓辉　摄)

水城县青林苗族乡位于水城县西北部,距市中心区 42 公里,东面同纳雍县的猪场乡、新房乡接壤;南面与本县董地乡毗邻;西面与保华乡交界;北面与南开相邻。总面积 64.46 平方公里,最高峰轿子山海拔 2051 米,最低点大土桥索河畔海拔 1400 米,平均海拔 1750 米,平均气温 12.4℃,日照量 1528.8 小时,年降雨量 1106 毫米,立体气候特点显著。现在耕地 15735 亩(习惯亩),土壤多为玄武岩发育而成的小黄壤,适宜种植烤烟、半夏、玉米、马铃薯等作物,现主要发展的经济作物是烤烟。煤炭资源储藏较为丰富,7 个行政村中都有煤炭资源,煤质属于低硫、低碳、低灰的无烟煤,至今未开发利用。全乡村村通公路、通电、通水、广播电视率达 100%。全乡有小学校(点)9 个,有中学 1 所,适龄儿童入学率达 98.08%,初中阶段入学率达 95.09%。

纺麻　(高昌烈　摄)

全乡境内大部分为苗族“小苗族”支系居住地,其中海发、二寨等村所居“小花苗”超过 90%,民族民间文化传承丰富,具有较大的深入开发研究潜力。

苗绣的主要流程有如下。

(1)备料:刮麻、将刮好麻用手分为粗细一致的麻线捻连成麻纱,俗称“绩麻”;将绩好的麻纱在纺车上制作线,织成麻布,将所织之布压熨平整即可在布上画蜡或挑花了。

(2)制作:主要有挑花、蜡染、编织、镶嵌四个类型。

（3）挑花：针法以十字针为主，一般在 3～5 根纱之间。挑花底色布为平纹布，主要有青、蓝、白 3 种。

刺绣（高昌烈　摄）

（4）蜡染：需先用特制铜质蜡刀醮溶化的蜂蜡在白布上绘成所需要图案，然后放入蓝靛中浸染。染成后用沸水浸除去蜡质，最后用清水漂洗晾干即成。

画蜡（高昌烈　摄）

（5）编织：亦称“毛织”或“织锦”，以黑白两色棉毛混织的“素绵”最为常见。

（6）镶嵌：是“花背”最后完成的一道工序，即用各色布条、线段、块料相互拼接组合的花背装饰制作形式。

浸染（高昌烈　摄）

主要特征:①“小花苗”花背制作所需采取的工艺有纺织、蜡染、挑花、编织、镶嵌等不同形式。每种形式都有特定的工艺程序和相应的技法,其制作水平集中代表了“小花苗”支系服饰装饰中的工艺精华。②花背制作以红、黄、白为基调,对比强烈,层次丰富。花背以五彩挑花为贵,编织、蜡染次之。分别区分为盛装、客装和常装。不分男女老幼皆要穿戴,是该支系的主要特色和识别标志。③花背形式固定,自古承传。表现结构由主花、副花和镶边三部分组成。主花、副花可选择不同图案任意组合,镶边需用固定的田丘土块及山河条纹。④花背所用可供选择的图案有数十种,图案以实物演化而来的抽象性几何图形为主要表现形式,大都有特定的寓意指向,较为系统地反映了苗族从北往南的迁徙历史。

花背(周友武　摄)

重要价值:①《“小花苗”花背制作工艺(苗绣)》集挑花、蜡染、编织、镶嵌为一体,涵盖了该支系服饰工艺的主要手法,表现了黔西北苗族聪明才智和精湛手艺。②花背形式固定,自古传承,很少变动。其特有的装饰形式,独特的用色配色效果,以及所用的花纹图案构图及组合等都集中地反映了该民族的与众不同的审美意识和思维观念,是考察黔西北苗族的社会历史、生活实俗的重要实物资料。③装饰花背的数十种传统花纹图案代代相传,大多有特定的寓意指向。花纹图案所涉及的内容大多同该民族历史上的狩猎文化向农耕文化转变的特点相关,较为集中地反映了该民族从北向南的迁徙历史,蕴藏了大量的文化信息,具有重要的民族历史文化价值。

卷五 传统技艺

省级非物质文化遗产

马场乡苗族大筒的制作与演奏

马场乡位于盘县东南部，东经 104°48′，北纬 25°40′，距县城红果镇 95 公里，东临黔西南州普安县的三板桥镇，西接盘县板桥镇，北抵英武乡，南接珠东乡和老厂镇，全乡总面积 109.35 平方公里，平均海拔 1700 米，属喀斯特岩溶地貌；境内四周环山、四季分明、阳光充足，平均气温 15℃，雨量充沛，年降雨量 1300 毫米左右；耕地面积 805.17 亩，主产玉米、小麦、洋芋、大蒜等；居住人口以彝族、苗族、白族为主，是一个典型的少数民族乡镇。

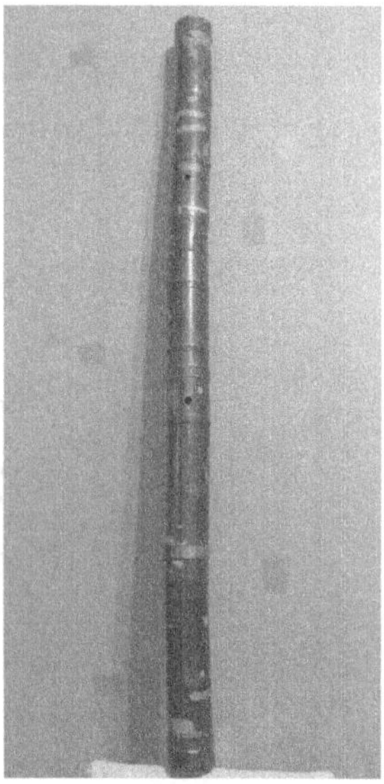

直箫是苗族同胞在进入贵州西部时与当地的民族发生文化融合后形成的具有黔西苗族文化特色的乐器。直箫苗语称为“江”（jiang）。有“都江”（小箫筒）和“江不都”（大筒箫）之分。均由通节竹管制成。夜深人静之时，悠悠箫声往往带有些许惆怅或缕缕情丝，从而形成一种特有的族群认知和情感依托。许多苗族人都有用直箫进行族群文化认同、婚姻缔结、情感交流和表达审美情感的历史，然而贵州西部苗族特有的音乐文化在盘县马场乡滑石板村的苗族中表现得最为突出，并且还有独特的创造性发展。

1.乐器特征

直箫（都江）是一种竹制民族民间吹管乐器。由通节竹管制成，长 800～1150 毫米，上端插入一节切有斜口的木塞，使削去处与管内壁之间形成进气道，木塞下方 20 毫米处开一方形发音孔，管身正面设有六个按孔。气流从气道经发音孔边棱产生气柱发音，音色明亮圆润。

制作时，首先注意选材。箫的音质优劣，与选用的竹材和制作有很大关系。要选用冬至到春分期间采伐的竹子，且应是三年以上的老竹，竹质坚实、分量较重、竹花均匀、呈紫褐色，无虫蛀、干缩、蜂腰和大腹等缺陷，管身圆满、纹理细密顺直。制作时,吹口和音孔须在一条直线上,吹口上方下圆,音孔要圆,并都掏成向内的倾斜形,孔壁要光,内堂应光洁,竹节磨光,两端平整,两端口径不能相差过大。在音质上,音阶应准确,不论轻吹重吹,音响都应清丽,不能有空洞或差异的声响,音色应淳厚、优美、圆润。

直箫(江不都),或称大筒箫,由长约 1250 毫米,直径约 100 毫米的墨竹制成,上有 6 个音孔,均不在一条直线上,距离各异,因其形状粗大而得名。它看上去简单,但在制作方面却很考究。首先要找一个长约 15 毫米,宽约 20 毫米的吹气口,插入簧片,然后用钢条将竹骨节打通后,再按一定的距离,在距顶端约 50 毫米的地方刻出一个长约 30 毫米,宽约 10 毫米的距顶端 15 毫米的出气孔。第一空距顶端 400 毫米,其余五孔依次往下相隔 100 毫米,第六孔距底端 180 毫米,然后反复试音。直到确定音准后才算完成制作。

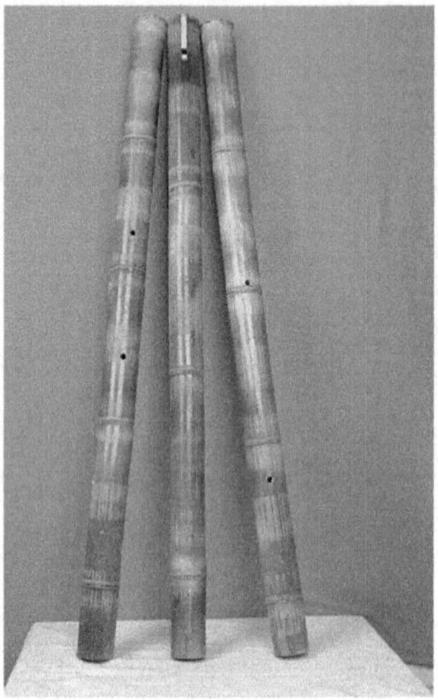

大筒箫(周友武摄)

2.直箫的演奏法

直箫(都江)作为吹管类乐器,对演奏者的气息要求极为严格,气息一般要求足而匀,缓缓吹入气口,这样便可发出一种圆润浑厚的音色。按孔的技巧比较多样,一般有打音、滑音、倚音、波音等奏法。

大筒箫演奏(周友武　摄)

少女吹奏大筒箫(罗永周　摄)

直箫(江不都),或称大筒箫,演奏方法则较为奇特。演奏时置于地上,最下面两音孔用脚拇指来按,吹奏者取坐式,用左脚拇指按第一音孔,右脚拇指按第二音孔,一二音孔均起伴音的作用。无名指按第三音孔,左手拇指按第四音孔,右手无名指按第五音孔,右手拇指按第六音孔。双手的拇指、食指和双脚的拇指相配合,协调的运用“按”“半按”“放”“半放”“颤动”等技巧,发出悦耳的音符,组成美妙的曲调。此乐器发出的音色沉闷、略带沙哑,音区宽广。

直箫(都江)的代表性曲目主要有《小飞调》《亲爱的朋友》《女择男》《往事》《男拐女》《采花调》《婆婆虐待媳妇》《直箫的由来》《从盘县到云南》《迎亲曲》《宽心曲》《劝酒曲》等。

直箫(江不都)的代表性曲目主要有《孤儿调》《祭祀调》(梗香、梭梗、梗纤等)。

按照乐曲旋律走向、思想内容大致可以分为吟诵性(叙述性)曲调、抒情性曲调和舞蹈性曲调等。

(1)吟诵性(叙述性)曲调。这类乐曲的原型多从民歌移植而来,其线条多为级进、平稳而贴近语言,朴实无华。其根据语言音调而产生的典型乐句中“mi”音反复出现很有特色,它赋予旋律暗淡而忧伤的色彩。如《婆婆虐待媳妇》《孤儿调》等代表性曲目中的叙述片段。

(2)抒情性曲调。这类曲调主要在于内心情感的抒发,乐曲情感细腻、旋律秀丽优美。如抒发青年人对家乡、对生活、对爱情的赞美与追求之情的《小飞调》、舒缓柔美的《夜曲》及《孤儿调》中的器乐段落等。演奏《孤儿调》时,通过悲伤的曲调和缓慢的节奏,让人感到一个流浪在外的孤儿忍受饥寒交迫和受人欺凌的落魄之情,令人倍生同情之心。

(3)舞蹈性曲调。多见于表现青年男女社交与生活的乐曲,如《跳花场》《采花》《女择男》《男拐女》等。这类曲子音调高亢、音域宽广,多富于舞蹈性,明亮、欢快而热烈。

短小的曲目大多由一个主题乐句经过变奏、连缀而成,显得短小精练;曲调较长者大多为多主题的对比性结构,可有二部、三部曲式或较复杂的变奏。

3.直箫乐的传承谱系、传承现状、代表性作品

堪称苗族直箫乐一代宗师的王连兴老人已经去世多年,其创作的直箫曲《孤儿调》当属其登峰造极之作。这首乐曲是王连兴孩童时期清贫生活的写照。据他介绍:7 岁前父母相继去世,他被寄养在外祖父家中,一边做小长工,一边随外祖父学吹直箫。在一个月明秋夜,一个人坐在门前的青石墩上,想到自己寄人篱下的悲惨生活,随即编唱了一首《没有爹,没有娘》的歌,来倾吐自己苦涩的心声。后来直箫

学成，便在这首《没有爹，没有娘》的歌曲的头尾及段落中间加入了一些炫技性、高度器乐化的精彩旋律片段，组成了一首后来被王连兴的大徒弟杨正银根据词义取名叫《孤儿》的乐曲，那些加进的器乐化段落事实上成了《孤儿》的精华。其巧妙之处在于这些器乐化的段落在与原歌曲的旋律（本体段落）的交替进行中，调性、调式也随之变化。可谓“乐随意走，调随乐变”。

追溯盘县马场乡直箫乐的传承谱系，王连兴的外祖父熊玉清应该是我们可能追寻的最早的传人。但据此推算，黔西盘县直箫乐至少也应有百年以上的历史。在王连兴的艺术生涯中，又把直箫音乐艺术发展到了一个很高的阶段，并且其创制的大筒箫（江不都）又丰富发展了贵州西部的苗族直箫艺术。

1949 年后，王连兴曾多次参加盘县特区和六盘水市的文艺调演，得到了各级文化部门的表扬和鼓励。他不仅自己奏、自己唱，而且在自己的家乡培养了年轻的乐手和歌手。长子王友芳及寨上的青年杨正银、杨正龙、杨和翠都是他的得意门生。

目前，滑石板村支部书记陶春学凭借小时从王连兴老人那里看到和听到的记忆而自学，传承了王连兴老人的大筒箫制作与部分演奏技巧。另外，当地的王咏、杨兴惠、杨兴娅 3 人在陶春学的影响和指导下也掌握了一些吹奏技巧，但大部分的曲调正濒临消失，无人能吹奏。这一民间乐器的制作与演奏正处于濒临失传的境地。

4.直箫的社会功用及文化价值

《诗·大序》曰：“诗者，志之所之也。在心为志，发言为诗，情动于中而形于言。言之不足，故嗟叹之。嗟叹之不足，故咏歌之。咏歌之不足，不知手之舞之足之蹈之也。”，可见，音乐是为了人对现世的一种情况表达，是音乐者丰富的精神反映，同时，音乐本身反过来也会影响到社会人群的审美观，塑造社会人群的精神世界。因此，从一定程度上讲，大筒箫反映了当地人民的一种审美取向和精神世界的塑造方式。

（1）民族文化载体。大筒箫其特殊的语言方式在民族生活中有着十分重要的作用，是当地苗族生活中含有多种社会功能的文化载体。作为一种广为流传的乐种，大筒箫契合了苗族人民“天人全一、万物有灵”的民族文化哲学理念，影响了苗族人民的精神追求，是一种民族人与人之间进行文化传播的媒介。

（2）民族认同感。大筒箫与当地人民生活息息相关，反映青年男女爱情生活的大筒箫曲占有相当大的比重。无论从“大筒箫的由来”的传说中，还是现实生活中，都反映出大筒箫与爱情生活有着密不可分的关系。苗族的民间婚礼仪式相当隆重，在送亲、接亲、回门拜会父母的整个礼仪过程中，大筒箫一直伴随前后，吹奏出相应的《接亲曲》《夜曲》《劝妈妈调》《离娘调》。可以看出，大筒箫在苗族同胞

参加文化部民族传统器乐展演(周友武 摄)

的生产生活中有着很重要的位置,是促进民族团结的重要纽带。

(3)器乐特色明显。大筒箫是民乐里极少见的倍低音竹管乐器,它在一定程度上可以弥补我国民乐里倍低音乐器的不足。它是中国乐器化程度较高,也是中国乐器中可演奏复杂曲目的倍低音竹管乐器。其独特的魅力,已经使它从小众器乐逐渐向大众化发展,对其音乐所蕴含的文化背景研究和开发日益成为专家学者的课题。

土法造纸工艺

流传在盘县老厂镇的原始造纸工艺继承了蔡伦术原始传统的技艺。老厂镇的万亩竹海是盘县的省级风景名胜区,位于盘县东南部,东经 104°45′~104°54′,北纬 25°32′~25°40′之间;东与普安县接壤,西与珠东乡相依,南与马依镇相连,北与马场乡相邻;距城关 53 公里,距红果新城 91 公里。属亚热带季风气候。流传在盘县老厂镇的原始造纸工艺继承了蔡伦术原始传统的技艺。当地盛产的灰竹成为造纸的主要原料,造成的纸叫毛边纸。在历史的进程中,老厂造纸业发生过若干次变化。

土法造纸以当地盛产的灰竹为主要原料,整个造纸工艺由护林、砍竹麻、磕竹麻、上窑、煮窑、洗竹麻、踩泡窑、泼尖水、打碓、下槽、合纸等72道工序构成。造成的纸叫毛边纸,主要用于制火纸(冥纸)、书画用纸(宣纸)、日常生活用纸(在没有卫生纸之前)等,用该手工艺制成的毛边纸纸面平整、洁净,有隐约竹帘纹,纸质柔软绵韧,吸水性强,宜书宜画。从蔡伦发明造纸术至今已有几千年历史,长期以来,成为一种重要的文化载体,为中华文明乃至世界文明的延续发挥了巨大的作用,众多典籍和文人墨客的书画作品都借助于它而得以传承至今。

护林:开春时,灰竹幼笋出土后,由专业人员保护幼竹的生长,主要是不让人或者牲畜等到林中活动,会破坏竹林的生长,特别是污染了幼竹,造成后面的加工变得更麻烦。待幼竹成林后使用。

护竹林(周友武　摄)

砍竹麻:在竹林中选好留种的幼笋,一般选择长势好、笔直、外观好的作为种竹,以使竹林永不败。其余的幼竹、竹竿和竹枝砍下送纸窑。幼竹一般选择在新生竹为最佳材料。一般芒种前后上山砍竹,此时的竹一是容易处理;二是竹纤维最具韧性,造出的纸光滑不粗糙。在杦竹时,一般会将每根竹子截成5~7尺长。主要是便于搬运和使用。

剔丫枝:用砍竹麻的砍麻刀把竹子的枝叶剔去。

腰段:把整根的竹麻砍成七尺左右长的一段段的竹节,这样便于背运和上窑,一般的煮竹麻的窑直径在4米左右,腰段的长度亦为了方便上窑的尺寸。

划篾:用砍竹麻的刀将竹子破成篾片,用来给竹麻打捆。

捆竹麻:用竹篾片将剔好的竹子绑成捆,一捆约有百余斤。

系竹麻:用竹篾片把捆成捆的竹麻做个背系带,便于运送竹麻。

背竹麻:传统中把竹麻用人工背运到煮麻窑旁。

散捆:用砍麻刀在纸窑边用刀解开成捆的竹子。

划扎篾:用砍麻刀把竹子破成篾片,用来给竹麻打捆。

磕竹:竹送到加工点后,先用木槌将新竹一棵一棵地磕成又细又碎的长条状,即竹篙。成条竹篙和细碎笮片的分别打包,竹篙用捆为把(捆的时候使用藤条,一是藤条本身也作为造纸的一种原料,二是使用藤条能减少杂质),细碎的打包。这一工序中,竹一定要尽量锤成长条且尽量减少细碎的竹子。

踩竹麻:用钉耙把煮好的竹麻从窑内抓在一旁踩板上,从业人员穿上踩竹麻的鞋,反复地将竹麻踩细、踩烂。

洗竹麻:踩细、踩烂后的竹麻因含有石灰浆,须用清水反复洗去竹麻上的石灰浆,一窑竹麻的清洗至少要七到八次。

踩泡窑:将洗去石灰浆的竹麻,一层一层地装进窑内。装窑的过程中用纯碱、烧碱(过去用草木灰)按比例加水泼在竹麻上。

泼尖水:踩完泡窑,再将底火点燃,使沸腾的水由预留的小孔喷出,喷出的尖水用器皿装好洒向没有尖水的竹麻上。

打碓:洗净化工原料后,经过一段时间的发酵,使竹麻变成料子。把料子送到碓房、槽房,用碓将料子打成浆子。

打浆:把成捆的竹条放入准备好的石灰浆里,用力搅拌使其均匀。让其在石灰浆里浸泡一段时间后捞起。时间长短根据所造纸的要求而定,越是好的纸浸泡时间越长,最好的纸需要在石灰浆里浸泡 100 天左右,目的是使竹材充分软化。平常的纸一般也需浸泡 10 天。时间的长短所生产出的纸有很大区别,原因是竹子的纤维主要由木质素所组成,竹子在浸泡过程中,会与浸泡液中的氧气接触而氧化。如果时间短,竹子中的木质素没有充分氧化融于浸泡液而留在竹纤维中,生产出的纸会很黄,这种纸一般用作祭祀时的烧纸,也就是常说的竹绵纸;充分浸泡的竹子中,其木质素基本或完全清除,生产出的纸白皙光滑,可以用作书法纸。

发石灰:在扎浆把之前一个月,就把预备好的生石灰放在纸窑附近的浆塘发好。3 万斤竹麻需要 3000~4000 斤的石灰发成的石灰水。这就需要专门用的浆塘。一般的浆塘长 2.5 米左右,宽 1.5 米左右,最长的可达到 4 米左右,宽 3 米左右。浆塘的设置要视窑孔的大小和周围场地的具体情况而定。

拱浆:用拱耙将石灰用拱耙搅和起泡,使其均匀。

下把子:把浆把竖在浆塘边,大致沥一下竹麻的水分,也利于石灰水进一步渗入竹麻中。

捂浆把：把浸透的竹麻呈梯形或三角形堆放在纸窑的附近，一般要捂一个星期左右。捂浆把的作用是使竹麻不从竹节断开，提高产量和纸纤维的质量。

购窑锅：锅在窑底用来盛水煮竹麻，每次煮竹麻的时候都要预备一口锅。

把锅弦：把锅弦即在窑底装锅，并在锅的边缘上水泥或石灰砌一个高约 20 厘米的锅边，这就叫“把锅弦”。

做黄眼：在锅底处有一个通水口，呈锥形，里大外小，做黄眼、布条堵住这个水口，但要堵得好，不漏，又容易捅开。

安四方把：锅边比窑底高 20 厘米左右，四方把高于锅把一个把子。但现场观察到的实际情况是高出许多，约 40 厘米的样子，并且视窑的大小，安四方把、三方把均可，我们看到的是安三方把。

放楞锅木：用一般树木杆三或四查搭载四方把上，使竹麻与锅上形成一个空间，主要作用是支撑竹麻的重量，不使竹麻沉下来压坏锅，因为竹麻在煮的过程中会塌缩下来。

放锅草：在锅底放满草，什么样的草都行，现场看到的是就近割来的青蒿草。目的是为了保护锅，不至于石灰水滴在锅里，形成锅垢粘在锅上，这样温度升不上来，容易把锅烧坏。

上窑：窑是预先建好的，一般一窑能装满有2 万~3万斤竹子。

放窑水：在窑中放入 3/5~3/4 的水，依据经验使竹麻能煮透的水为合适，通常情况下，放入水多了，不易升温，升温慢，且多花费原材料（如煤炭）；水放少了则竹麻不易煮透。

煮竹麻（周友武　摄）

封窑：用浆塘里沉淀下来的石灰渣封在窑面。

煮竹麻：有分支性质的几个部分：①备煤，2 万公斤的竹麻煮两次需要花费 7 吨左右的煤。②运煤到纸窑。③杵煤做煤粑，依纸窑直径做成煤粑，一般做成圆形、重 5 公斤左右、中间留一孔的煤粑。④发窑火。容量能装 2 万公斤左右竹麻的纸窑，煮竹麻时要有 25 天左右的时间。煮竹麻时每天需要加一次火，保持火力。

透尖水：窑内竹麻再煮上 15~20 天后，基本完成煮麻工序，这时要注意的是，进一步洗净煮竹麻时加进去的化工原料。

钩竹麻:用钉耙将煮好的竹麻从锅中钩出来。

踩竹麻:请好踩竹麻的工人,两人为一堂(在实际的观察中,一般为4人一组,以一根长横木为扶持,穿上钉子鞋,把已经煮好的竹麻踩成丝状物)。一般5万斤以上的竹麻需要12人踩竹麻,习惯上一般一天就踩完。

敲竹麻:在踩竹麻的人踩好竹麻之后,后面的人接着用锄头等工具敲打,叫敲竹麻,目的使竹麻细碎。

捡筋筋:把敲好的竹麻里较粗糙的竹麻捡丢,这样制作出来的纸就会没有明显的粗纤维。但现今一般不会出现这一道工序了,因为现今所造的纸多不用于书写,质量要求一般即可。

洗竹麻:把竹麻用清水在水池里冲洗,一般要冲洗6次水,也有8次的,但现今所做的纸多用于民间丧祭用纸,并不用于书写等,所以要求不高,洗3~4次。

清洗池(周友武 摄)

洗纸窑:把原先用于泡煮竹麻的窑洗干净,好重新把洗好的竹麻放回窑去,用碱水浸泡,加火煮之。

堵黄眼:在锅底处有一个通水口,呈锥形,里大外小。做黄眼就是用黄泥、布条堵住这个水口,但要堵得好,不漏,又容易捅开。

踩泡窑:把洗好的竹麻放回窑中,与最初放置竹麻一样,同样放四方把等等。

放楞锅木:与前面的放楞锅木程序一样,目的也是保护锅弦不被塌缩的竹麻压住,但这次放楞锅木有一点不同,即在放楞锅木处要安置一根空心竹子至锅中,并一直通到窑面,高出竹麻一米左右,主要作用是把锅里的碱水喷出来,浸透整个窑里的竹麻。

烧灰:在传统造纸工艺中,所使用的碱是用荞麦杆或辣椒秆烧成的草木灰中得来,故一般要有烧灰这样一道工序,即把买来或者收集来的荞麦杆或辣椒秆烧成灰,以为造纸所用。

铺荞麦秆:在窑里放好洗净的竹麻上面,先铺一层荞麦秆,使荞灰与竹麻之间有一个隔断,以便后来起灰时不染竹麻。而且在加热过程中荞麦秆也会渗出碱水,亦有利于提高纸的质量。

铺灰:把烧好的荞麦秆灰铺在铺好的荞麦秆上,一般要铺30厘米左右,而且铺得越多越好,灰多,碱水的浓度就大,有利于分解竹麻纤维,提高纸的质量。

淋水:把水淋在荞灰上,多少视竹麻和草木灰的多少而定,把荞灰浸透为好。在这个过程中,竹筒会因为锅里加热而往上喷碱水,水再浸入荞灰,再淋下碱水,如此往复是一个浸泡竹麻的过程。

化碱泼料:能装3万斤竹麻的窑需要600斤左右的纯碱和200斤左右的烧碱化水直接泼在竹麻上,随后煮之即可。放烧碱的作用是要加快竹麻的腐蚀,减少煮的时间。一般这样大小的纸窑,煮竹麻的时间大概需要半个月。

泡料:整个过程需要半个月左右的时间,等竹麻逐渐腐蚀,以轻轻捏竹麻容易断时为标志看竹麻是否泡料过程完成,泡料成功,成纸的原料基本准备就绪,称为"料子",未成之前称为竹麻。

竹麻脱碱(周友武　摄)

备煤、买滑:一般是罗汉松树根,本地没有出售,要到水塘、民主、马场去买。实在没有时,用仙人掌的汁也可做滑水。

洗滑:把买来的罗汉松树根洗干净,去除杂质。

棒槌滑根:用棒槌把洗干净的罗汉松树根打破,以利于根中汁水的浸出。

泡滑:把打破的罗汉松树根放在大缸浸泡,以捞起滑根水成线状为好。

抓料:把纸窑中泡好的料抓上来,搭在窑上的木料上,把料子放在上面沥干。

捏料:把抓上来的料捏干水分。

打碓:把料子背运至碓房,用特制的碓打料,使料子更为细腻。放满碓窝和碓盘为一孔料子,打时一般要打3个回合6个翻才能达到基本要求。一孔料一般可以抄500张纸。每天要抄多少纸,就打多少料。

加入一些辅料(周友武 摄)

踩料:把打好的料在碓旁用脚踩料,踩到料变色成浆就可以移了。一般需要10多分钟。

下槽:把当天踩好的料子撮进抄纸的水槽子。这个水槽子内空2.5米长,1.2米宽,下窄上宽,成梯形。以前多为木质、现在基本为水泥加木板制成。

放水搅料:在水槽子中放水,用一种叫拱耙和响棍的工具在水中搅动,使料子充分在水中分解为浓度适中的造纸纤维,以在水中纸料成絮云状态为好。

撤槽水:在搅料完成后,先把泻水口用树枝、草等物堵住,起过滤作用,既要使水能流出去,又不要使料子跑掉为好。然后拔掉泻水口,放出槽水,使料子在槽内沉淀而结成块状物。这个过程一般要一个夜晚。

架槽水:第二天一早,抄纸师傅要在放干了水的槽子里重新放满水,并在槽子里面放一个木架,呈十字状,以便放置抄纸的抄纸架。

起料:在槽子里用搅料的拱耙轻轻地把水底料子搅起适当的量,并在水中搅匀。

上托板:在抄纸的水槽边放置一个比纸张大的托板,以便把抄好的纸放置在上面。一般是先放好一细竹丝编织的竹帘,在其上先抄上几张厚纸为垫即可。

下滑搅匀:从泡好滑水的缸里把滑水舀进水槽,用响棍搅匀。在有料子的水里放进滑水,抄的纸才能一张一张地分开。

煮窑:在窑洞内加上少量的水,将窑孔的表口用石灰密封,在窑底将火点燃(窑底有铁锅),煮窑时间一般15~20天。把通过浸泡的竹子捞起,整齐码好堆放,拌

脱碱(周友武　摄)

榨纸索(周友武　摄)

入石灰水浸在窑中蒸煮,经过碱液的蒸煮,原料中的木质素、树胶、树脂等杂质被除去。经过蒸煮,竹料已经完全软化成为竹浆,取出蒸煮的原料放入清水塘内漂洗,然后再放进锅里浸石灰水蒸煮,如此反复进行8天,也有10多天的,与前面所说的,要根据所生产纸的要求决定。经过反复蒸煮、漂洗,竹子的纤维逐渐分解。

抄纸:在槽里又加上定量的水,并兑好不可少的桦水(用桦树根、皮制成的水),操纸工人用工具(簾子)从槽里一浪一张地把纸操到压板上。

摵纸坨:在抄的纸达到一定数量后,所抄的纸在托板上呈一厚厚的纸坨。抄纸的竹帘上有固定的纸张尺寸,这道工序要把固定尺寸以外的纸坨摵掉。料子好的话,纸坨容易成块摵掉。

榨纸坨:操在压板上的纸,经过一夜的过滤,用榨纸的专用设备(当地叫高人、矮人),再度将纸砣中所含的水分全部榨出。

烤纸坨:在灶口烤纸坨,一般要烤一个小时左右,先抬在纸板上,用苞谷糊搓毛,只烤纸头。

搓纸坨:在纸坨的一边搓出毛起纸角,便于取纸。

烤纸索(周友武　摄)

抬纸:把起了角的十乡一抬,然后上墙晒纸。

晒纸:将榨去水分的纸砣送到焙房,由晒纸工人将纸砣烤焦再将其打湿,再一张一张地揭取,用晒纸刷一张一张地刷到焙墙上。

揭纸:纸在火墙上很快就会被烘干,干了的纸就要揭纸了,揭纸就是把晒好的纸从火墙上揭下来。

合纸:将焙墙上晒好的纸折下,按 100 张为一刀的数量整整齐齐地合在一起,也就完成了老厂纸的生产全过程。

最后按照出售的需要和要求,对成品纸进行捆扎成件,至此,就可以按件来出售了。

凉纸墙(周友武　摄)

蔡伦发明造纸术后,传下来的 72 道工序,随着时间的推移,除煮麻时用的草木灰改为纯碱和烧碱等化工品,原始的造纸工序基本保持完整。

主要特征:①水源特征。当地植被良好,水质清澈、凉滑,适合制造纸。②原料特征。当地盛产竹子,就地取材,竹子纤维均匀,成浆率高,木质化程度较低,易提炼;吸附性强。③工艺特征。一是从原料加工到成纸 72 道工序全由手工完成。二是原料加工大都采用日晒、雨淋、露炼等方法,自然天成,没有具体的理化指标,全

竹绵纸(谢丽红　摄)

凭经验掌握。由此可见,毛边纸的制作技艺确属典型的非物质文化遗产。④产品特征。毛边纸纸面平整、洁净,有隐约竹帘纹,纸质柔软绵韧,吸水性强,宜书宜画。

重要价值:①历史价值。蔡伦发明造纸术至今已有几千年历史,长期以来,纸成为一种重要的文化载体,为中华文明乃至世界文明的延续发挥了巨大的作用,众多典籍和文人墨客的书画作品都借助于它而得以传承至今。②实用价值。最初是"裹脚"用纸,"写字"用纸,"糊裱"用纸,"官推""二帘""新闻""对角"等用纸。盘县 1949 年后全部统造"规格"纸,地方人称"毛边"纸,又称为"出口"纸。主要用于制纸火、书画用纸(宣纸)、日常生活用纸(在没有卫生纸之前)等。③工艺价值。毛边纸生产工艺复杂,工艺流程多、细、繁、杂,季节性强、时间长,生产时空跨度大,一个人难以完成,它是中国劳动人民长期的智慧结晶,是一份极其宝贵的历史遗产。④经济价值。20 世纪四五十年代,老厂是盘县境内的小手工业胜地,造纸业十分兴旺,靠造纸为生的人家占老厂人口的 90%以上。所生产的"规格"纸,除少部分供应本省和云南外,大部分远销菲律宾、印度尼西亚、马来西亚、新加坡、泰国、新西兰、越南、老挝、澳大利亚等国家。

砂陶制作技艺

盘县砂陶制作是一种使用煤泥黏土、煤渣制作的传统手工技艺，流传于贵州省盘县大山镇雨谷村。其工艺流程有选土、取土、和泥、成坯、施釉、阴干、烧制等过程。制作工艺古老，为全手工。烧制的烧窑为简易的双坑连接覆盖式地炉，其窑体量很小，应该为一种最为原始的陶窑形态。制品分为四大类，一是以砂锅、鼎罐、瓢锅、烙锅、蒸锅、茶罐、药罐等日常生活器皿为主要产品的生活用品；二是用于避邪的瓦猫和用于祭祀的面具；三是日常生活中使用的装饰品；四是有着浓厚民俗色彩的砂陶工艺美术作品。

盘县砂陶的制作历史非常悠久，据雨谷村的老艺人说，最早在雨谷烧制砂陶制品的是鹏家人，鹏家人制作砂陶时约在清代。雨谷人的砂陶手艺都是从鹏家人那里学来的。盘县砂陶制品最兴盛时，雨谷村户户有炉，家家制陶，产品远销云贵两省广大毗邻地区。

盘县砂陶有以下三个发展阶段：一是生产日常生活器皿和避邪瓦猫、祭祀面具的阶段；二是砂陶工艺美术制品的阶段；三是日常生活装饰品的阶段。但不管处于什么样的状态，它都包含了人类最为古老的制陶工艺信息，是我们中国原始制陶文化的珍贵遗产。

盘县大山镇位于盘县南部、距县城红果 90 公里，全镇共有 140.73 平方公里，辖 18 个行政村，1 个居委会，194 个村民组，其中少数民族 5000 余人。其中耕地面积 9 万余亩，林地面积 5.3 万亩，荒山荒坡 2.77 万亩。全镇海拔相差大，最高海拔 2239.7 米，最低海拔 1306.1 米，年平均气温 15℃，年平均降雨量 1380 毫米，森林覆盖率 36%，全年无霜期 270 天，属亚热带湿润季风气候。大山镇地处云贵高原向广西丘陵的过渡阶段，地质复杂多变。

盘县砂陶的制作历史非常悠久，据雨谷村的老艺人说，盘县的雨谷村一带在古代基本上没有多少人烟，现在的雨谷人都是从外地迁徙而来的，有记忆的历史只有十多代人。砂陶是什时间开始在雨谷制作的也说不清楚，但从制作砂陶的原料和工艺来看，应该是在原始制陶技艺的基础上，结合本地的原材料的性质，在雨谷当地创造发明的，因为砂陶的工艺并不是一般的土陶工艺，其特性与本地原材料的依存度极高。盘县雨谷砂陶使用原料就是煤泥与煤渣，煤泥就是煤层上的那一层淤

导模(谢丽红　摄)

泥,而煤渣就是当地煤炭燃烧后的余渣,这两样东西只有在雨谷地区存在。雨谷人的祖先以自己的制陶技艺,结合当地原材料特性,创造了砂陶这种特有的制陶技艺。

捏模(谢丽红　摄)

盘县砂陶的原材料独特，其制品亦独特，砂陶制品主要以砂锅为主，以砂锅煮各种食物经久不变味，不容易变质，且味纯厚鲜美。而原材料在雨谷独有，其性质不同于一般土陶制品，应该是前代雨谷人创造。

“盘县砂陶”的主要操作程序如下。

(1)选土。挖个坑，用棒插进土中测试，如土质松软就继续深挖。大约要挖至两丈深。泥土色呈灰白即为制作砂陶的上等原料。

(2)制作。将选好的泥土丢在碓窝里，然后舂细。泥土舂细后用筛子筛。将细泥土与沙按比例混合，加上少许水搅拌均匀，经过捶打拍揉，就可以作为制作砂陶的原料了。

如果制作生活用具，就把一个陶模放在普通陶轮上，制作出砂锅的底半部；稍干后，脱模，把半个砂锅放置在陶轮上的灰锅座里，用手接出砂锅的上半部，粘贴上锅耳，砂锅即成。这样的砂锅有许多品类，有砂锅、鼎罐、瓢锅、烙锅、蒸锅、茶罐、药罐等。

如果制作瓦猫、面具类信仰祭祀用品，就不用陶轮，用手捏出需要的形象，然后勾线造型。线条是盘县砂陶造型的根本，线条是分界线，一切纹样符号都是靠线条来表现的；盘县砂陶中的线条有主线、分线、随线、绕线之分，各自的特点值得注意：

主线——在勾线时，首先要勾画出的是主线。主线比较粗壮而有力，通常都是用它来绘制出主要的结构，即把泥塑中所有的器官都勾画出来，像猪、狗、猫、狮子的眼睛、耳朵、嘴巴等。主线都勾画完以后，就要开始划分线了。

分线——分线往往是随着主线的部位而行走的。分线的线条较主线而言要细得多，它是砂陶各个部位的区分点，在下笔时要注意手的力度，轻轻用笔尖沿着主线的方向将分线描出即可。接着就要画随线了。

随线——所谓“随线”即随机应变之线，随线的线条随意而劲挺。主要是根据思维想象所添加的线条，比如在画猪的耳朵时，就可以在上面画出弯曲的随线，以展示耳郭的形状，画随线时，手的摆动要灵活，最好每条线都一笔成功。最后要画的线是绕线。

绕线——绕线是用来进行装饰的线条，它们呈弯曲流畅状。这种线条比较随意，但由于其装饰性极强，还要注意下笔的手法，比如线条的粗细变化，花纹的形状等。

线条勾完以后，用毛刷沾水抛光，再阴干半个月左右直至成形。

(3)烧窑。烧窑为简易的双坑连接覆盖式地炉，以碎煤为燃料，风箱鼓风助燃，火候全凭经验把握，炼制过程5~10分钟。熏焖取色需在地炉旁另备两处较浅的“焖坑”，上撒锯末刨花或其他特选植物为燃料，将烧铸成型的器物趁热移至其上引燃，随即扣之有金属声。

成品兽面相（谢丽红　摄）

成品狮像（谢丽红　摄）

“盘县砂陶”分上釉和不上釉两种。上釉器物需在陶胚干燥浆面时用特制的釉泥“上浆”，烧制熏焖后釉色呈银亮般的金属光泽。不上釉的器物呈瓦灰色，无光泽，泥土气息较强。制作沙陶所用的工具都是一些生活常用或原始工具，如瓶子、木棍、锥子等。

盘县砂陶有以下三个发展阶段：一是日常生活器皿和避邪瓦猫、祭祀面具的阶段；二是砂陶工艺美术制品的阶段；三是日常生活器皿、装饰品的阶段。

在第一个阶段中，盘县雨谷的砂锅在周边远近闻名，除了大量供应城里及周边地区外，还远销昆明。

在第二个阶段中，盘县雨谷人李恩贤受其做道士的父亲，以及一些现代美术家的影响，制作了大量的砂陶美术工艺品，使盘县砂陶中外闻名，也是盘县砂陶声名最为隆盛的时期。

在第三个阶段中，随着李恩贤的去世，盘县砂陶又回归于原来的状态，但在盘县砂陶中又出现了日常生活装饰品的制作。

在盘县砂陶中，李恩贤的信仰类、祭祀类砂陶最为有名，他是盘县砂陶制品的代表人物。李恩贤烧制的脸谱器具等多不上釉，且多采用高浮雕式或半圆雕局部抠空装饰造型。捏塑制配胚就物赋形，受随意到，或捏或刻，或印或塑，不过分雕饰，千物千面，具有一种更为原始古朴的自然特色。他将当地民间传说中的各种神灵精怪加以想象发挥，凭着自己的审美予以夸张变形，或直接或寓意地把当地民俗民风与自己的个人创造揉捏在一起，通过砂陶工艺的特殊手法表现出来，形成了自己变形奇特稚拙粗犷，趣味性强的艺术风格，体现了盘县砂陶的最高水平。但盘县砂陶目前衰落得很厉害，制作砂锅类生活用品的只剩下两家，能制作砂陶工艺美术制品的只有数人。

主要特征:①材质特殊。砂陶选用的原材料为当地煤泥和煤渣,是结合古陶制作工艺的新创造。②工艺特殊。砂陶的制作成型都是由手工操作的,全手工成型。由于泥质好,塑性高,砂陶式样繁多,造型千奇百怪。具有一种更为原始古朴的自然特色。③功能特殊。砂陶已成为国人最理想的餐具,煮菜不走味,贮菜不变色,盛暑不易馊。菜易煮熟,味道鲜美。

传承人制作砂陶(周友武　摄)

重要价值:①历史价值。盘县砂陶制作作为一种古陶制作工艺,历史悠久,也是古陶制作的特殊类别。②文化人类学、民族学、民俗学研究价值。盘县砂陶中的瓦猫、面具类信仰祭祀用品制作与雨谷传统文化关系密切,寓含雨谷人的精神、信仰、价值取向,涉及雨谷历史、伦理、民俗、自然和衣食住行等方方面面,具有很高的文化人类学、民族学、民俗学研究价值。③工艺价值。砂陶制作工艺简朴古老,但这些生产技艺是中国劳动人民长期智慧的结晶,是一份极其宝贵的历史遗产。④经济价值。盘县砂陶曾是当地的经济支柱产业,在当地的经济发展中发挥过重要作用。

彝族彩布贴花

彝族服饰彩布贴花工艺制作广泛流传在水城县纸厂、玉舍、坪寨、果布戛、勺米、双戛、杨梅、南开、青林等乡镇的彝族村寨。水城县地处贵州西部乌蒙山脉北段的半凉山地区，西北高，东南低，整个地形由西北向东南倾斜，海拔1400~1800米，为长江水系的三岔河与珠江水系的北盘江分水岭。

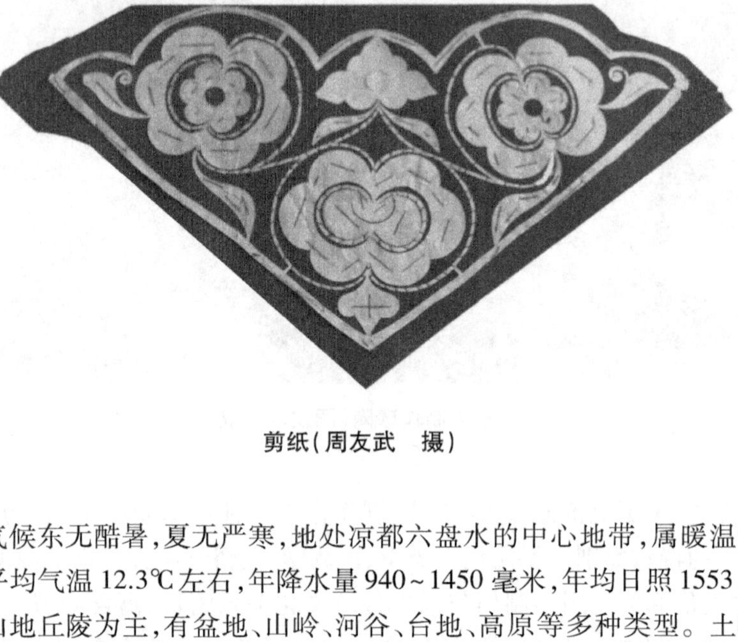

剪纸(周友武　摄)

境内气候东无酷暑，夏无严寒，地处凉都六盘水的中心地带，属暖温带季风气候区。年平均气温12.3℃左右，年降水量940~1450毫米，年均日照1553小时。地貌景观以山地丘陵为主，有盆地、山岭、河谷、台地、高原等多种类型。土壤多为酸性，矿产有煤、铁、铅锌、铜、石灰岩、白云石、黏土等多种。自然土壤约占全境土壤面积的45%，主产有苞谷、洋芋、荞麦、豆类等粮食蔬菜及核桃、板栗、黄梨、桃、李、猕猴桃等各类水果。

在水城县纸厂的彝族人的服饰中，女装主要采用彩布贴花工艺制作，一般用各色绢、绫、布等剪成各种图案拼贴镶嵌挑刺而成。常用于衣襟、托肩、吊扁、衣角、裤脚、背扇、帽帕等处。

所用传统图案有卷云头、歪桃、石榴、柿饼、桃花、菜花、牡丹、转瓣花、豆瓣草、连钩草、如意草、箐鸡、麻雀、飞蛾，以及各种随意剪出的自由图案等。各类图案可穿插重叠套用。贴花布料颜色搭配讲究谐调鲜艳，多选用玫红、大红、橘红、藤黄、

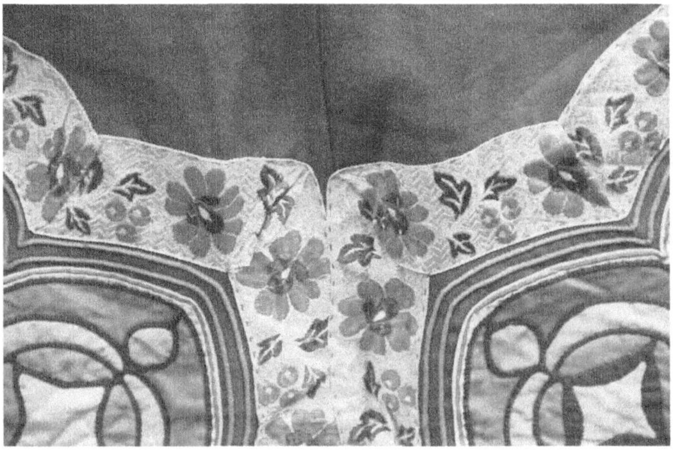

贴花（周友武　摄）

橘黄、棕黄、深绿、粉绿、浅蓝、紫蓝、黑、白等色，或对比色直接并列，或同类型色逐层推进，均以大色块为主，色块与色块之间用黑布线条连接或分隔。拼贴滚边的黑布料需用整块布按其图案所需在镶边处挖空留出，然后用隐针埋线密密镶结。完工后的彩布贴花层次分明，线条流畅，色调沉稳瑰丽谐调，远看如单线平涂、近看似浅面浮雕，极具民族特色。

彝族服饰彩布贴花工艺制作广泛流传在水城县纸厂、玉舍、坪寨等乡镇的彝族村寨，是当地彝族服饰制作中最具特色的传统手工技艺，由彝族妇女代代相传，具有悠久的传承历史。

妇女裙子（周友武　摄）

彩布贴花亦称“贴布绣”“贴花绣”“贴花”“锁边滚花”等，系用各色绢、绫、布等按图案搭配拼贴镶嵌挑刺而成。彩布贴花有卷云头、歪桃、石榴等数十种传统图案以及各种随意剪出的自由图案，多为曲线块面组合，各类图案可穿插重叠套用，相互之间多以各类与锁边相同的旋曲叶草线条串联。

贴花底料多选用白色等浅色平板棉麻布，图案所用彩色布料多采用光泽度较好的绢绸，颜色搭配讲究谐调鲜艳，或对比色直接并列，或同类型色逐层推进，搭配皆视各人爱好而定。图案均以大色块为主，色块与色块之间用黑布滚线锁边分隔

盛装(周友武 摄)

或连接。滚线锁边黑布料需用整块布按其图案所需剪纸花样满铺留边挖空剪出,图案所需彩色布料先按剪纸花样图案各部分块面设计好。制作时将滚边黑布料花样钉在白底布上,再将按块面设计好剪下的各类彩色布料拼贴镶叠于滚边黑布料花样之下,然后将滚边黑布剪口边与填色彩布剪口边折叠用隐针埋线密密镶结锁订滚边。滚边可将填色彩布剪口包裹成"滚边",亦可相叠"留边"。完工后的彩布贴花层次分明,线条流畅,色调沉稳瑰丽谐调,远看如单线平涂、近看似浅面浮雕,极具民族特色。

彝族服饰彩布贴花工艺制作以其独特的满铺折叠锁边技巧自成一格,其制作纯为手工,至今机器也无法模仿。

卷六　民俗

省级非物质文化遗产

盘县地坪乡彝族毕摩祭祀文化

盘县坪地乡位于盘县北部，地处东经104°30′～104°38′，北纬26°05′～26°09′之间，与水城县的龙场乡、营盘乡和云南宣威市田坝镇接界，毗邻洒基镇、松河乡、四格乡。坪地乡境内最高海拔2785米，年平均气温11.7°C，年降雨量1200毫米，全年无霜期为260天。全乡辖区152平方公里，共辖15个行政村182个村民组，总户数9074户，总人口34117人，少数民族8529人，占总人口数的25%。本乡人均耕地0.8亩，适宜种植玉米、马铃薯、荞、小麦等农作物，全乡粮食总产量9621吨，乡镇企业总产值7560万元。农民人均纯收入达1583元。现有森林面积93498亩，森林覆盖率达41%。

毕摩经书（谢丽红　摄）

盘县彝族同胞在长期的劳动与创造中,形成了自己特有的文字、风俗和礼仪,久而久之便形成了他们独特的民族文化。在远古彝族先民"君臣师"三位一体的政权体系中,他们创造了更为神秘悠远的彝族特色文化——毕摩祭祀文化。

盘县毕摩祭祀文化主要分布在坪地乡、鸡场坪乡、松河乡、淤泥乡、普古乡等彝族聚居区。这些彝族聚居区主要位于盘县北部的崇山峻岭中。

随着等级制度的消亡,毕摩的阶级地位也随之消亡,但其祭祀活动的职责却一代一代地沿袭下来,使毕摩祭祀文化渗透到彝族人民的生活和生产之中。明末清初后,随着汉文化在彝族地区的传播,部分彝族改用汉文并以佛教进行丧葬活动,毕摩的职能范围逐渐退化。只有偏远不受汉文化影响的彝族地区从事毕摩法事和传播毕摩文化,毕摩文化才得以传承和保留。

毕摩,彝语称"经师"。毕摩祭祀文化涉及面广,彝族地区人的生老病死及生产生活中的每一个细节里,无一不有毕摩祭祀文化的缩影。结婚、祈求儿女、过泥关、小儿杀关、祭祖、祭山神、祭青苗、求雨、扫火星、扫白雨、除祸患、占卜吉凶祸福、节日献饭、丧葬法事等等都须请毕摩主持。总之,在彝族人民活动的地方,就有毕摩祭祀文化的存在。尤其是在丧葬法事中更能集中体现毕摩祭祀文化。

丧葬时的毕摩经文(谢丽红　摄)

丧葬法事活动中,毕摩身穿用棉布或麻布制成的白色长至脚跟、肩上钉有围帕、对襟中开式或右开式的法衣,头顶由绵羊和竹条编制而成的绛色斗笠——法

祭祀所用物品(周友武　摄)

帽。一连五天毕摩都要诵念《献饭经》《献水经》《献酒经》《招灵经》《献牲经》等20多部经书。我们从这些经书和舞蹈的内容中可以看出,毕摩祭祀文化不仅折射出了伦理道德观、朴素的哲学观,而且还蕴含了浓郁的宗教色彩。此外,经书还叙说了彝族人民不畏辛劳开疆拓土的艰辛历程,告诫子孙后代要倍加努力创造自己的财富。可见,盘县彝族祭祀文化涉及面广,简直可以用博大精深来概括,它是一部记载彝族发展历程的史籍,是一部研究彝族历史的典籍。如《献饭经》中叙述了粮食生产的全过程,以及种粮储食的重要性等;《指路经》记叙了返回祖地全程中所经过的地区,以及这些地区所发生的事情等。同时他们还要伴以祭祀舞蹈吟唱祭祀古歌,主要有看"情况"、绕棺、"赶水"、新魂指路及入材等9个环节。

祭祀所用物品(周友武　摄)

在举行毕摩祭祀活动时,主要使用的器具有:①用棉布或麻布制成的、白色、对襟中开式或右开式的法衣;②用绵羊毛和竹条编而成的棕色斗笠——法帽;③彝文经书;④长约130厘米的竹法杖;⑤法杯;⑥法刀;⑦法筒。

祭祀时代表神灵的茅草人(周友武　摄)

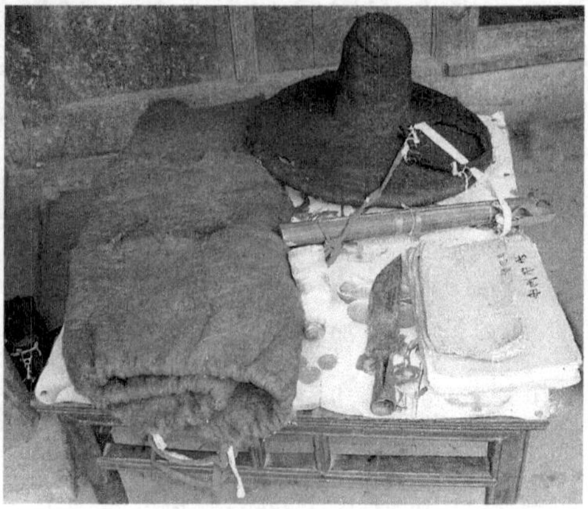

毕摩装束及道具(谢丽红　摄)

毕摩是彝族社会中智慧的集大成者,他们的职能也是丰富多彩、各种各样,按照内容大致可分为以下几种。

(1)主持祭祀:在以祖先崇拜为核心的彝族文化发展史中,毕摩的祭祀主要以宗族为单位来进行。祭祀的对象包括图腾物、神圣自然物和各种神灵。毕摩所做祭祀仪式可分为送灵、作祭、节期、祭祀、喊魂、送魂等。

(2)除灾祛祸:鬼神信仰直接产生了各种以除灾祛祸为目的的仪式。凡彝族人遇到疫病或灾祸时,如时运不顺、疾病缠身、庄家歉收、妻儿死亡、牲畜瘟疫、身体欠佳等,往往认为这是神灵不佑、鬼怪邪魔作祟,因此必先请毕摩算经占卜并行各种禳祓仪式。

(3)治病疗疾:在没有专门的医疗人员的彝族社会,毕摩不仅是宗教仪式的主持者,也是天然的医生。由于巫化的因素,毕摩的药方更多用在为祖先的亡灵献药治病。在现实的仪式中,毕摩的蒸疗、针刺、沸油洗身及熏疗术、敷疗、吹伤口等,都是以专门治疗疫病为目的的,只不过彝族把疾病归因为神灵不佑的观念,决定了其治疗方式充满浓浓的巫术色彩。

(4)主持盟誓:彝族民间盛行盟誓之术,且重要的事项须由毕摩主持。彝族盟誓是在毕摩主持下,当事的双方或多方订立誓约的一种巫术形式。彝族生活中无论是分宗联姻、联合对敌、宗族合盟,还是个人间的重大事项,都必须由双方或多方订立誓约,以结同心。盟誓分为两种:一种是人与人之间的盟誓;另一种是人与祖先神灵之间的盟誓。

(5)传播知识:从形式上看,毕摩传播其文化主要通过其仪式,而这种仪式通常主要表现为与鬼怪神灵沟通。然而,就毕摩文化丰富的内涵来看,却包罗万象,

彝族毕摩在举行祭祀活动（周友武　摄）

涵盖着彝族文化的方方面面。正所谓，毕摩的知识无数计。

毕摩学识渊博，不仅有司祭、行医、占卜等主要职能，还兼有整理、规范、传授彝族文字等文化职能，撰写和传抄包括宗教、哲学、伦理、历史、天文、医药、农药、工艺、礼俗、文字等典籍。毕摩在彝族人的生育、婚丧、疾病、节日、出猎、播种等生产生活中起着主要作用。毕摩既掌管神权，又把握文化；既司通神鬼，又指导着人事。在彝族人民的心目中，毕摩是整个彝族社会中的知识分子，是彝族文化的维护者和传播者。毕摩在彝族人民的生活中充当着很重要的角色。

主要特征：盘县彝族毕摩祭祀文化主要以祭祀为主，体现了朴素的哲学观、伦理道德观和浓郁的宗教色彩。

重要价值：①记载彝族历史源流、宗教文化的史籍；②研究彝族历史文化、祖灵崇拜的典籍；③研究彝族语言文字、医药历算、伦理道德、生产发展的古籍。

水城南开三口塘苗族跳花节

水城南开三口塘跳花场位于贵州省六盘水市水城县南开苗族彝族乡。

水城县位于贵州省西部，东邻六枝特区和纳雍县，西接威宁县和云南宣威市，南抵盘县特区和普安县，北与赫章毗邻。全境南北长125公里，东西宽75公里，总面积3641.77公里。南开苗族彝族乡位于水城县北部，东接青林乡，南邻保华乡，西伴木果乡，北靠金盆乡。南开旧称“喃北”，彝语意为“放马之地”。1946年，以乡西南地势开阔之特点取名南开。全乡辖25个村165个村民组，9336户38419人，少数民族4179户17136人，占总人口的44.6%，土地面积136.070平方公里，耕地面积27625亩。

南开乡境内地势大部分为冲子平地和麻窝地，海拔在1530~2139米，年均气温12.2℃，最高31.7℃，最低-11.6℃，年均降雨量1124毫米，无霜期239天，水土流失严重，流失面积2334公顷，占总面积的16%，生态环境恶劣。南开乡是水城县典型的农业大乡，主要以种植业为主，辅之少量的白掩码蒜，产业结构十分单一，人民生产生活水平条件差，属贫困乡。

南开三口塘位于水城县北部，距市中心约30公里，“花场”占地近约150亩，每年的农历二月十五日，苗族中小花苗支系的“跳花节”在这里举行，参加人数达万人以上，多时达五六万人。“跳花节”集“小花苗”生产生活、家庭婚姻、饮食服饰文化、体育竞技为一体，是一处保存较完好的、能体现民族团结的文化载体和释放情感的空间。这里曾经孕育了著名的苗族芦笙舞蹈艺术家张文友。

南开三口塘苗族跳花节是黔西北影响最大的苗族传统节日，参加的人员以水城县“小花苗”支系为主，遍及周边各县。水城参加的人员分布在偏坡、新寨、河包倮、洛凯冲、戛姆底、兴发、大岩、吊水岩、大寨、二寨、凉山、海发、腰岩、发戛、双塘、发地窝、岩头、发期等“小花苗”支系寨子。

南开三口塘跳花节（周友武　摄）

“跳花节”源于何时待考，但据当地年高的寨老回忆，大约在清朝就已形成。整个“跳花”活动一直围绕着“选花树”“请花树”“送花树”“插花树”“拜花树”“收花树”这一神秘庄严的仪式进行。“跳花”开始，各地的芦笙手围绕着“花树”跳起轻快奔放的芦笙舞，几百人同时举步，数百支芦笙齐鸣，整个“花场”成了歌的世界、舞的海洋。

据传在炎黄、蚩尤时期，“小花苗”支系的十二姓祖先为避战乱，带领族人不断南迁，寻找可提供居住之地。有三姓“小花苗”支系走散了，不知所踪。其余的九姓“小花苗”支系历经千辛万苦，于农历二月十五这天到南开三口塘这个地方。他们以三口塘为中心，分别于水城、纳雍、赫章三处建立了九姓大寨，从此定居。以后，每到农历二月十五这一天，散居各地的“小花苗”支系都要赶到三口塘相聚。随着时间的流逝，三口塘逐渐形成了“小花苗”支系亲友聚会的固定场所，三口塘跳花节始具规模。

周边“小花苗”支系同胞参加跳花节（周友武　摄）

由于三口塘地处中心，前来参加的人数众多，中华人民共和国成立后，当地政府领导为落实民族政策，特指定这片土地不参加土改分配，留作苗家跳花的专用场所。苗家人十分高兴，称三口塘花场为“官家花场”。从此，三口塘花场被固定下来，一年一度，越来越红火，人多时达五六万人，全国各地各民族都有人来参加，来自五湖四海的海外友人也络绎不绝。“三口塘在跳花节”终于发展成为黔西北最大的民族节日集会地。

“三口塘苗族跳花节”节日期间，“小花苗”支系以纪念祖先和亲友聚会，求吉祥平安为目的,都云集于此。

送花树(周友武　摄)

农历二月初十至十四,先由寨老们和仪仗队到山上树林中选花树,苗语为“声搓拨”,然后召开花场筹备会,寨老们安排其他未尽事宜,仪仗队成员则进行集中培训。来自周边地区的“小花苗”族同胞,相隔数十里乃至上百里之外,提前二三天动身,于二月十四就近投宿以待。

到农历二月十五日这一天,上午 7 点,被花树老人委派的寨老、寨中青年在芦笙的乐曲进行中,在寨老们选好的花树苗,用酒和鸡祭奠后就把花树砍来交付与花树老人,待赶花场的人群到得差不多时,在不断的礼炮声中,花树老人组织好仪仗队,接过花树。紧接着送花树,苗语为“桑搓”,由两名男青年手舞大刀开山辟路,两名苗女唱着花场叙事歌,数百名芦笙能手,在花树老人的带领下,将花树族拥到花场,礼绕 3 圈之后,插到花场中心,意为插花树、苗语为“苔搓”。这时头戴箐鸡翎英雄冠的芦笙能手,单腿往前,左右侧身,三次跪下,如此往返三拜九叩结束,向花树(花树老人、寨老们)行叩拜之礼,秀为拜花树,苗语为“比拨”。

插花树(周友武　摄)

礼成后,各苗寨的芦笙手,均可到花树前主动

拜花树(周友武　摄)

欢快芦笙舞(周友武　摄)

向寨老报名,上台献艺,称为芦笙竞技,苗语为"更拨冲草阿施"。这个芦笙舞曲主要聚集了"小花苗"支系芦笙艺术的精华所在,是"小花苗"支系相互展示才华的最佳形式。跳花节上表演的芦笙舞曲告一段落,人们开始了会亲访友、谈情说爱、拜见老人,叙家常等各种社交活动,苗话为"拱拨"。

夜幕降临,花场周围篝火满山,花场成了青年男女们的世界。姑娘小伙们用"喊歌"相互联络,有情人邀约,成对成双;没对象者在亲朋的引导下四处活动,寻访意中人。在整个夜间活动中,"扯花背"最具有特色。"花背"即"小花苗"支系服饰中不可缺少的刺绣披肩。天一黑,姑娘们便将带来的花背全部穿上,等待着相识的小伙子们来扯。一个小伙子可向不同的姑娘扯若干花背,一个姑娘也可将自己所有的花背任不同的小伙子扯去——直到身上所有的花背被扯完为止。天亮前,得到花背的小伙子必须把花背分别送还姑娘。若姑娘有意,便不再收回花背。姑娘收回花背,小伙子就会知趣地走开。当然,姑娘的花背再多,也只送出一件,小伙了得到的花背再多,也只能收下一件。至于谁送谁收,那就要看相互之间的感情和缘分了。

天亮前,还要举行神秘庄严的收花树仪式,受过祭拜的花树将被长者们护卫着移出花场,送到一个易于隐蔽、不被人畜践踏的洁净地方收藏起来。

送走花树,整个跳花活动随即结束。

服饰工艺涉及的器具有织布机、纺车、挑签、梭子、针、线、蜂蜡、石蜡、蜡画板、蜡刀、蜡锅、蜡窝、碓杵、染缸及传统铜制工具、传统木制工具、传统石制工具,传统篾制工具等。

服饰工艺制品有蜡画片、挑花、刺绣片、男女上衣、百褶群、花背、腰带、麻布片、手帕、靛染片等。

文化用具及相关作品有直角六管芦笙、四眼箫、木鼓、唢呐、口弦及相关曲调;相关酒令、喊歌、山歌、苦情歌等各类歌谣等。

其他生活用品有背水木桶、碗笼、织布机、纺车、棺材、房屋建筑、弩、矢、马列匙、木瓢、木碗等。

主要特征:①南开三口塘苗族跳花节系由苗族中黔西北"小花苗"支系自发组织形成、以聚会方式为主的特殊民间传统节日。参加人员五六万人,涉及水城、纳雍、赫章、威宁等县,是黔西北规模最大、影响面最广的苗族跳花节。②跳花节有统一指挥的"花树老人",有专门从事护卫"花树"并进行芦笙舞蹈表演的芦笙仪仗队,有从事竞技表演的芦笙舞比赛,斗牛、斗羊、斗雀比赛等传统文体娱乐竞技,以及"认亲""拜老人""扯花背""唱酒令""唱苦情歌""唱山歌""唱喊歌"等亲朋社交歌舞活动及服饰展示等多方面内容,具有较深的历史文化内涵。③跳花节活动以祭拜"花树"为中心,有"选花树""砍花树""请花树""送花树""插花树""拜花树""收花树""藏花树"等一整套"跳花"程序仪式及相关活动的特殊传统表现形式,充分展现了黔西北苗族"小花苗"支系自古承传的独特风情习俗。

重要价值:①是挖掘小花苗支系的民风、民俗及历史文化的场所,独特的露天博物馆和露天展览馆,是研究贵州西部小花苗支系历史方面的"活化石"。②原汁原味地保留了自古以来小花苗支系的民族民间文化艺术风格,这是构成中国乡土社会的基本内容之一。③是培育民族民间艺人和传承人的摇篮。1957 年小花苗支系芦笙舞蹈家张文友曾在苏联莫斯科参加世界青年联欢节;1989 年竺兴荣、竺兴智在美国参加中、苏、西德、日等四国艺术节,都获得很高的声誉。被国外学者称赞"芦笙舞是中国人学不好、外国人学不了"的舞蹈艺术。④南开三口塘苗族跳花节是少数民族群众自娱自乐的节日,对促进民族凝聚力,增强民族体质,加强民族团结,加深民族思想沟通和互助了解,营造祥和气氛,构建和谐社会具有十分重要的意义。⑤"小花苗"支系服饰中的"花背"是"小花苗"支系服饰工艺的集中体现与精华,其图案、配色极为讲究,且因图案中隐喻的该民族支系的迁徙史、战争史等极具艺术价值研究价值。

三口塘跳花节(周友武　摄)

六枝梭嘎箐苗文化空间

六枝梭戛箐苗文化空间(项目),原列入贵州省第一批非物质文化遗产"文化空间"类名录。在贵州省中部六枝特区和织金县交界的崇山峻岭地区,居住着一支稀有的、具有独特文化的苗族支系,即"箐苗",他们操苗族中部方言,主要聚居于12个村寨,约4000余人。他们常年隐居高山之中,与外界联系较少。这支苗族以长角头饰为象征,并保存和延续着古老而独特的文化传统。

行政区划:这支苗族主要聚居在12个村寨中,即:六枝特区梭戛苗族彝族乡安柱村(上、下)安柱寨,高兴村陇戛寨、补空寨、小坝田寨、高兴寨;新华乡新寨村大湾新寨、双屯村新发寨;织金县阿弓镇长地村后寨,官寨村苗寨、小新寨,化董村化董寨,依中底寨。另有部分散居在其他村寨中。1996年年底总人口4069人,996户,户均4.08人。

自然环境:该苗族社区位于海拔1400~2200米的高山之上,面积120多平方公里,12个村寨的自然环境保持着古朴的面貌,但水资源十分匮乏,仅有流量不大的山泉供人畜饮用。据村寨的年长者说,很早以前,12个村寨周围都是浓密的森林,后来由于人为的破坏,森林被毁殆尽。森林消失使居住环境变得十分恶劣。他们从经验中逐渐认识到森林的重要性,如今12个村寨周围都种植浓郁的林木,并视林木为神而保护、供奉起来。

历史沿革:与其他苗族一样,这支苗族人也经历了艰难和长途的迁徙。据12个苗寨的老人回忆,他们迁到现在所居住的崇山峻岭中大致是清代初年。清初,平西王吴三桂奉命"剿"水西彝族宣慰使安坤(今黔西、大方一带)。清军打败水西后,许多依附于安氏的苗族群众四处散逃,一部分人躲到织金、郎岱(今六枝郎岱镇)交界的大森林之中,被称为"箐苗"。由于受到战乱的冲击,"箐苗"不得不在森林里开辟新生活。

到21世纪,"箐苗"逐渐聚居,形成了12个相当规模的村落。这支苗族长角装饰的出现,大致也是这个时候。他们认为,长角是在大森林中模仿野兽的角以迷惑野兽而形成的。同时,他们亦以长角为识别物,以期同族相识、异族相别。由于交通极不便利,他们与外界的交流并不多,一般在本民族内部通婚。直到近十年,他们才大量与外界交往,受到外来文化的影响逐年加深。

(1)民居。多为一层平房,分木结构草顶房、土墙草顶房和石墙草顶房三种。

木结构草顶房是历史较长、比较普遍的建筑形式。这支苗族12个村寨中均保留这种建筑。房屋为木柱、木梁穿斗结构,四壁多用木板,走马板多用竹条编织。房屋正中有吞口,多数民居带有院坝。屋脊茅草加厚堆高别具风格。土墙草顶房也是主要的建筑形式,以陇嘎、小新寨为典型。其构造是房屋四周墙体均用黄泥土夯筑而成。房屋正中无吞口,一般为三开间,也有两开间。门一般用木板,也有用竹、藤编织的。隔墙均用竹、藤编织,抹上泥土。屋顶盖草。石墙草顶房主要分布在安柱、新发、依中底等村寨。建筑墙体均用石块堆砌而成。

(2)牲口房及厕所。牲口房较简单,一般与住房分开另建。也有因地制宜,建于宅房两山墙边的。多分为两间,一间养猪,一间养牛。其建筑形式多为原木梁,四周用夯土或石块堆砌。厕所是用几棵木柱交叉搭架,周围用树叶或苞谷草盖住。通常叫"叉叉棚"。

(3)嘎房。即灵房,是"打嘎"期间停放灵柩的临时建筑。嘎房形式有两种,因死者家族的地位而异。一种构筑简单,三柱着地,盖稻草、麦秸、杉叶,竹藤绑扎成骨架,顶呈攒兴顶状。另一种是还编制一个圆弧形大门。建戛房时,无论所择地势如何,嘎房的方位、方向都十分讲究,必须使停置于嘎房的灵柩首东尾西才行。

(4)妹妹棚。妹妹棚是男女青年晚上晒月亮、谈情说爱处,为三柱插地式简易构筑物。棚门以两木杆插地呈三角形状,另一根木杆较长,一端与门两木杆顶交叉绑扎,另一端插地。周围以竹条、树枝绑扎,上盖麦秸、杉叶等。门有草编式门帘。妹妹棚一般建在远离寨子的地方,现多不使用。

该苗族社区以农业生产为主,家庭饲养业、经济作物种植等都视为副业。12个村寨均没有商品交换市场,他们一般到乡镇所在地"赶场",进行少量的商品交换。他们深居山区,住房简陋,生产、生活用具很少,生活条件差。他们以玉米为主食,对肉类没有禁忌。

(1)农业生产。由于居住在交通闭塞、土地贫瘠、生活艰苦的高山,过去是以刀耕火种为主。随着生产工具的发展,现在普遍采用犁耕。以种植玉米为主,洋芋、小米、红薯、白菜、辣椒、青菜、茄子、番茄、冬瓜、南瓜、黄瓜、白瓜、四季豆、扁豆等为辅。使用的农具有锄头、镰刀、背篼、犁、磨、碓、木桶。在房屋中用木块组合成斗型粮仓储藏粮食。比较好的玉米编成串吊于楼上。农业耕作要经过犁地、选种、撒种、施肥、除草、割收等程序。20世纪80年代初实行联产承包责任制,但由于自然条件差,粮食仍然不能自给自足。

(2)副业生产。大多数家庭都喂养山羊、黄牛、马、猪、鸡、旱鸭子等家畜和家禽。近年来,家庭饲养业发展迅速,少数家庭接受乡镇农技人员推广的先进饲养技术,经济效益显著。

经济作物有种植漆树、麻、烤烟等。现在烤烟是副业的支柱产业。烤烟引进了先进的栽培技术,1996年,产量、质量均有提高。

(3)运输。过去运输主要靠人背和马驮,现在有的村寨修通了公路,用马车作主要运输工具。收庄稼、烧煤等多用背篼背,妇女用木桶背水。

(4)商品交换。至今没有商人,大多数生产、生活用品靠自给自足。部分日常生活用品,要用自产的农副产品到集市交换。如他们将玉米、洋芋、小米等农作物拿到市场去出售,然后买回食盐、酱油、味精、油、肉和布料、胶鞋、绕头的毛线及肥皂、洗衣粉等生活必需品。

(5)居住。大多是在山区聚族而居,其村寨多建筑在山腰及山顶,周围大都茂林修竹,风光绮丽。村寨人口多的达百余户,少的只有30余户。其住房依山形地势而建,因地制宜,不讲究朝向。年代较久远的房屋均为木结构,为一层,面阔三间,正中的一间为堂屋,用作织布、推磨及堆放杂物等;两次间的开间各分为前后两小间,少数也有不分小间的。灶均置于左次间中,炉火长年不断。左次间前为厨房、用餐之所,后为卧室。右次间放置床铺、衣箱、堆放粮食等。大多数家庭建有关牲口的圈房。圈房设在房屋山墙处,或者设在次间前面。圈房大多带一矮楼,下层关牲口,上层堆放柴草等杂物。多用茅草、麦秆盖顶。

(6)饮食。由于世代居住在高山地方,水源缺乏,土地均为旱地,生产的粮食主要是玉米,有少量的麦子和荞子,吃的多是杂粮,包括玉米、洋芋、荞子、麦子、红苕等。肉类有猪肉、牛肉、羊肉、狗肉,喝玉米酒和自己酿出的土酒(俗名苦酒)。

做饭多用甑笼蒸。副食有洋芋、四季豆、黄豆和小白菜、萝卜、白菜、青菜做的酸菜。籼米、糯米很少,只有逢年过节或“坐月子”的妇女才能吃上,而且要花钱到集市上购买。

这支苗族有着丰富多彩的民族工艺技术,其中最有特点的是挑花、刺绣、蜡染、羊毛制品、纺麻织布等工艺。

(1)挑花。多以白色布料作底。挑制时,先用线画出轮廓,再根据图案和布料棉麻的经纬有规律的插针挑线,刺挑有序,不能错乱。花纹多呈几何图形。挑花材料为色泽鲜亮的丝线。

(2)刺绣。多为平绣,少数也有凸绣。其图案有几何图案、花草等。工艺手法有独到之处。

(3)蜡染。有悠久历史。蜡染制作是将白布平铺于桌上,将蜡放置于小蜡锅中,加温溶解为汁,然后用蜡刀蘸蜡绘于白布上。绘制时不打样,只凭头脑构思,手工绘画。所画的直线、平行线、方块、圆形等图案,较为规范,折叠起来能吻合;所绘花、草、各种图案,式样多,构思巧妙。绘成后,投入染缸中浸染多次,清水漂洗、晾干后再用清水煮沸,将蜡熔化,显现出白色花纹,制成蜡染片。

(4)羊毛制品。擀毡技艺独具特点。先将羊毛置于沸水中多次,压擀成羊毛毡后再制成羊毛兜及羊毛护腿。兜染成青色,护腿为本色。

(5)纺麻织布。均由妇女制作。纺麻是用麻秆晒干后,剥成麻丝,然后用水渍泡后纺成麻线,之后再与用棉花纺成的棉线同时上织布机,纺织成麻布。

由于自然环境,以及历史、文化等原因,其头饰、服饰保存着许多古老的文化风俗信息。据记载,远古时代,苗族先民就有“髻首(椎发)”之俗,即以麻掺头发盘髻于头顶。而且“好五色衣服”,穿色彩斑斓的百褶裙。

(1)头饰。主要特点是男女头上戴木角,在木角上盘长发,形成沉重、巨大的头饰。盘头髻十分复杂,需要有人帮助。头饰高约15厘米,两头垂于耳下到两肩上方。现在男子头已不再戴角,一般包青色头巾。头饰均无其他装饰品,朴素大方。

(2)女子服饰。老幼均穿黑色底、镶有花条的麻布百褶裙。裙一般长及小腿上。上穿前襟至腰、后披至小腿的对襟上衣。衣饰为蜡染、刺绣。蜡染上衣前襟、背、袖均为蜡染,后披腰至腿为刺绣。刺绣女上衣均为不同绣花而成的上衣,镶嵌白色纽扣,前配一青色羊毛兜。小腿缠裹羊毛护腿。鞋为挑花鞋,头带钩,牛皮底高腰花鞋和绣花布凉鞋。

妇女无华丽饰品,一般青年妇女佩戴铜项圈,项圈数量1~2圈至5~6圈不等。一般未婚女青年在腰带两侧,佩戴3~5条蜡染、刺绣花帕。

(3)男子服饰。老人穿青色麻布长衫、长裤。青年男子内穿青色麻布长衫,长衫为前短后长搭襟衫，外套青色麻布窄袖短衣，领口、袖口处均镶刺绣花边，贴衣前襟下部左右均制绣花方形包，镶白色盘花扣。下着白色麻布百褶裙裤，腰前佩戴做工精细的刺绣围兜，围兜上缝四条刺绣腰带。小腿裹白色羊毛护腿，鞋为头带钩的挑花布鞋。以上服饰现在只作节日盛装和婚礼时穿戴（平常已不穿）。现男子均穿青色麻布窄袖对襟上衣，下穿长裤。

他们没有文字，在必要的时候，采用刻竹和结绳等方式作为记录。但竹刻和绳结只有少数人能够认识，如寨老、鬼师、家师等。学校教育则是近几十年的事。

（1）刻竹记事。刻竹是老人过世、操办丧事时使用的一种记录礼物、礼金的方式。这支苗族送礼有一定的规律，如送一头牛（羊），必定要同送一元钱，称“压礼钱”；而且送的礼物也多是鸡、猪、牛、羊、线、布、米等。刻竹的人一般是家师、寨老等。办丧事时，主人家要请主要管事者 2 人，副手 2~3 人（根据主人家亲属多寡而定），每人都用一根“刺竹”，分别记录各个寨子的礼物、礼金。一个寨子的礼物、礼金通常用一根刺竹记录，主事及副手事先规定每一竹节的记录顺序，如：第一竹节记钱，第二竹节记布，第三竹节记鸡，然后依次为猪、牛、羊等。两三天后由主事人当着众亲友的面，向主人家报账。账、物清楚之后，便将刻竹烧毁，送给过世的人。刻竹的符号 12 个村寨大同小异，以高兴村陇嘎组为例。表示数量的方法是：刻“一”划表示 1；刻“二”划表示 2；刻“三”划表示 3……数词可以记录钱币、布匹、大米等礼物。而“鸡”则用“咔”表示，两只鸡刻为“斗\”……“猪”以“年”表示，两头猪刻为“斗气”……

刻竹记事（罗刚摄）

（2）结绳记事。结绳记事是办婚姻喜事时使用的一种记录礼金的方式。主事人用一棵草绳，打上结头，插上茅草，记录送礼金的人员与数量。绳结的表示方法 12 个村寨也大同小异。以高兴村陇嘎组为例，绳结的表示如下：系一个结，表示一个人送了礼金；系两个结，表示两个人送了礼金……如果在绳结上插上小茅草，则表示数量（一般以元为单元）：插作“亻”表示 1 元钱；一折“卒”表示 2 元钱；二折“单”表示 3 元钱……而礼物则由主人家收受，不再作记录。与刻竹记事一样，喜事办完，主事者与主人家当着众亲友的面报账，无异议后，则将草绳销毁。

刻竹记事与结绳记事都需要符号记录与主事者的记忆相结合。由于这12个苗族村寨人际关系并不复杂,主事者又多为“家师”,对家庭的事了如指掌,因此不会出现任何错误。今天,刻竹、结绳记事不再普遍使用,有时只作为辅助记录礼物的一种方式,大多数则用汉文字记录礼物、礼金了。

(3)文化教育。多在生产生活中潜移默化地接受传统的礼仪和文化。20世纪以前,他们深受没有文化之苦。据12个村寨之一的安柱寨老人讲述(安柱即“安住”,意思是彝族安家住的地方):实际上,安柱的苗族人要比安家来得早。但因为苗族人没有文化,交租总是吃亏,因此请有文化的安姓彝族为他们“承头”交租子或做其他的事情。在20世纪20年代以前,他们未曾有受过正规学校教育的人。90年代以后,高兴、小坝田、陇嘎、安柱、新寨、化董等村寨相继设立了小学校,受教育的人逐年增多。1996年,这支苗族4000多人中有小学以上文化程度的已达900余人,最高文化程度为大学专科(1人)。

家庭是社会的细胞,家庭之间通过血缘关系、婚姻关系紧密结合,构成村寨组织,村寨之间也是以婚姻为纽带结合起来的。

(1)家庭。据老人说,他们大多数实行一夫一妻制,过去也有少数一夫多妻的现象。子女成家后即自立门户。男子在家庭中的地位要比女子略高。这支苗族有多子多福的观念,现年40岁以上的人都有不少儿女。我们调查了高兴村陇嘎组的熊振清(78岁)老人家。他家现有83口人。熊振清夫妻健在,有8个儿子,均已成家立业,他与老伴挨着小儿子熊义文住。熊振清的孙子辈有39人,平均5.6个子女。家庭财产为小儿子继承制,老人的房屋、牛、马等,都传给小儿子。老人与小儿子一同生活,老人的赡养多数由小儿子承担。其他兄弟也有瞻养老人的义务,但不是像小儿子那样直接。女子出嫁后便随夫家,只在娘家有大事小事或逢年过节时才回家帮忙、做客、走亲戚。

(2)家族。家族观念很强。其姓氏多用汉姓,有杨、王、熊等十余个,通用苗名。相同的姓氏并非都出自一宗,同宗的才称为“本族”。遇红、白大事,本族人和亲戚都要共同来“为”,即帮着办事。本族内不通婚。在这支苗族中,有一种特殊的分类方法,即“三限”“五限”之分。“三限”指祭祀去世的三代人,三代以上不再祭祀。“五限”则指祭祀去世的五代人,五代以上不再祭祀。无论是哪个姓氏,都被分为“三限”“五限”两类。如杨姓,有“三限杨”“五限杨”之分。“三限杨”是祭杞三辈去世的祖先,他们清楚三辈先人的坟墓,三辈以上均不祭杞。如祖父辈去世的,则祭祖父、曾祖父、高祖父三辈。如父亲辈又去世了,则祭祀父亲、祖父、曾祖父,而把高祖父辈“丢”掉。属“五限”的姓氏家族是以同样方式祭祀五辈之内的先辈,五辈以上不再祀祭。

(3)婚姻关系。他们在本民族内部通婚,家族内不通婚。"五限"家族的男性可以很顺当娶"三限"家族的女子,而"三限"家族的男子要娶"五限"家族的女子,则须经过不少"礼节",往往还要受到鬼师"打卦"的阻挠。

到目前为止,婚姻多数还是在本支族内缔结,只有极少数与周边的其他支苗族或彝族、汉族通婚。婚姻关系成为苗族社会一条坚固的纽带,把12个苗寨连在一起。现在,年轻人通过传统的跳花坡和农闲时节走亲戚、赶场等,进一步扩大了婚姻的范围,加强了苗族村寨与其他民族村寨之间的联系。

(4)村寨关系。尽管这12个村寨分属于六枝特区和织金县两个行政县(区)、三个不同的乡镇,但家族的血缘关系和婚姻的亲戚关系的存在,把12个村寨紧密地联系在一起,从来没有被割断。从地理分布看,陇嘎(六枝)、小坝田(六枝)、高兴(六枝)、苗寨(织金)、小新寨(织金)最为靠近。他们虽然分属两个县(区),但交往很频繁。

风俗习惯内容繁多,内涵丰富。其中以婚嫁、丧葬、跳场等最为独特。他们虽然地处边远,经济落后,但其婚嫁、丧葬活动从来都是隆重和严肃的。

(1)婚嫁。婚姻的缔结,是自由恋爱与父母意愿相结合。婚嫁分恋爱、定亲、接亲三个阶段。青年男女通过正月初四至十四的"跳花坡"及平时的喜庆日和赶场天,以对歌为社交手段谈情说爱,确定恋爱关系。经过一段时间的交往而互相有了感情,在征得双方父母同意后,男方即请媒人带一只公鸡、一只母鸡到女方家说亲。女方家则把大门关闭,媒人要与女方长辈通过对话,达成协议,才能进到女方家。男方求亲人进入房屋后,要立即给女方家所有在座的长辈分别磕头。接着,便由男女双方媒人进行谈判、讲定礼金。如果女方杀鸡摆酒待客,卜鸡卦"合"表示吉利,女方家就同意了这门亲事。然后,男方择定吉日完婚。结婚后,媳妇在男方住上7天,要磨50斤炒面,方能回娘家。新郎将50斤炒面送到新娘家,并把炒面分送给新娘家族中每户一份。表示以后的日常生活中,"牵牛走路踏不破山,雹雨袭来地不会塌",百年偕好。婚礼才算完毕。

新娘生下小孩后3~10天即办满月酒,娘家要送一丈二尺白布,一升米,七只鸡,一个背扇,一床毛毯。男方娘舅家要送一头牛。男方办酒庆贺3天之后,男方要给岳母(父)家、娘舅家、姑妈家各回送一只牛腿。如果没有牛腿,用一只鸡代替。

(2)丧葬。丧葬实行土葬,装殓尸身均用棺木。老人落气后,先鸣炮三响,向祖先和寨邻族人报丧。尔后给亡人洗脸、梳发(女)或剃头(男),再换上寿衣(麻布衣),不论男女亡人衣(裙)都须反穿,等待装棺入殓。

装棺入殓时辰,由鬼师择定,孝男孝女送来殓衣,跪于棺前。鬼师在正门屋檐口扯下一把房上草渣放入为死者缝制好的"阴枕"套内,在枕下折垫上死者多余的服装。铺上白纸,将死者遗体殓入被内,覆盖上红色盖口布,盖上被子,移至堂屋中后壁前横停。然后孝家派人去外家(男女亡人舅家)报丧,众亲友各自率队带礼物前往祭拜。孝家杀牛做饭待客。

苗族素有生死相怜之美德,只要哪家有丧事,大家都会主动来坐夜(守灵)。坐夜时,孝家要请人吹奏唢呐,跳芦笙舞,唱酒令歌,直到出丧。丧棺尚停在屋时,每日每夜必须聚众列队以早、中、晚三香绕房屋顺三圈、20~30逆三圈而后进屋。丧棺抬到埋葬地点,择吉日下葬。下葬前要有一段悼祭期。其间,孝家从竹林中砍来三棵刺竹。一棵砍去头尾,留下约3寸长;另两棵砍成一头尖、一头圆。尖的一头象征刀刃,圆的一头象征牛羊角,意为死者灵魂化身。悼祭期有长有短,依天气情况和孝家经济状况而定。悼祭期间,孝家要给死者搭嘎房绕戛祭奠。祭奠仍按照早、中、晚三次在嘎场内进行,众亲友参加绕嘎,队伍庞大,仪式异常隆重。绕嘎时由一位德高望重的长者用反搓的草绳拴着牛,随着鬼师诵经声,牵牛绕嘎房,或鬼师率领参加悼祭的众人手握各种纸扎祭物,在嘎场上活动。鬼师挥刀劈剑,由鬼师选定的20~30个巡游人吹奏唢呐、芦笙、牛角,众人随着呐喊,响成一片。绕嘎,一说是为死者驱妖逐邪,吓跑野兽,护尸无损;一说是因为死者生前曾勤奋耕种,饲牧养兽,劳作生息在这片土地上,必须护卫着他(她)们去寻觅"脚迹窝",让他(她)把脚印干净地收了去,免得再"回"人世来,找活人麻烦。绕嘎悼祭完结,鬼师指挥众族人将灵柩出嘎房,砍倒并焚毁嘎房。然后上山埋葬。这一过程,称为"打嘎"。

送丧上山要请鬼师举行"开路"仪式,为死者指引回西方安家的道路出寨。亡人家信祭"三限"(祭三辈老祖之意)孝子带上三只鸡、信"五限"就带五只鸡。出丧一路放鞭炮、撒买路钱,途中遇到水井,孝子均应磕跪,众族人簇拥灵柩从孝子身上而过。葬前先破土,孝子分头、腰、足各处取一块土饼,然后由众人掘墓穴。墓穴框好后,在墓穴内烧钱纸或烧芝麻秆暖井,用公鸡跳穴,待公鸡啼鸣、完全伸展开而死去,即是下葬时辰。灵柩下坑,鬼师把祭事用的簸饭埋在灵柩一侧,表示死者常常有吃,不再骚扰儿孙。垒好坟茔,将先取的三块土饼分别覆盖于坟上,不立碑,不挂纸。事毕,孝家回到寨子,安桌上菜摆酒,宴请亲戚朋友。事过三期(三天),鬼师举行死魂与活人离别仪式后,葬礼宣告结束。

(3)跳场。六枝、织金交界地区,每当开辟一个新场,都得由这支苗族(其他苗族不行)男女组成唢呐、锣鼓和芦笙队伍到赶场地点跳场,以示吉祥、繁荣,财源不断。关于跳场的来历,有这样一个传说:古时候,这支苗家有一个羊桥三太婆,学了一套法术,能使事物变化无穷,缺什么东西,只要念上几句咒语,就心想事成。那时,有一个集市,穷人在那里经营总是亏损。羊桥三太婆知道后,有意路过那里,看到生意果然萧条,她回家打粑粑去那里卖,买她的粑粑的人,回家后,粑粑都变成了牛。从此，她的盛名远扬，家喻户晓，来赶场的人越来越多，场上的商品丰富多彩，市场热闹非凡。从此以后，人们认为集市上呈现繁荣景象是羊桥三太婆带来的，开场都请苗族来跳场。

跳场时，先在场坝中心竖一杉木杆，杆顶上挂一把红色毛线，选在“龙日”跳首场。跳场队伍拿着唢呐、锣鼓、芦笙绕场环行，边吹边舞，步子踏着芦笙节拍，整齐不乱。以后，每隔 6 天跳场一次，总共跳七场。通过跳场，一般上邻下寨的人知道开了新场，众人能自觉云集场上。跳场结束，哪家无后代或者久婚而不能生育，就要“请”场中木杆（吉祥物）回家，谁家被批准得到木杆，就得请送木杆的人和跳场队伍吃饭喝酒，以示喜庆。木杆到家，不许落地，要置于大门上方。

音乐、舞蹈历史悠久，表现为古朴、简洁、明快、沉吟。其乐器曲调以哀婉、低沉见长。舞蹈简明，自成体系。值得指出的是，他们的音乐、舞蹈表现形式已不同程度地失传，有的受到其他民族的影响，融合了外来文化的因子。

（1）音乐。可分民歌曲调、芦笙曲调、箫琴曲调和唢呐调。民歌曲调分为情歌曲调、酒令歌曲调，各有不同的特点。情歌为青年男女社交所演唱，抒情气氛浓郁，声音高亢、豪放，旋律优美。一般是对唱，一个曲式几个人同时唱。酒令歌曲调是在婚、丧、祭祀及行酒时演唱，曲调庄重，严肃柔和，内容一般为追悼、叙事，主要是中老年独唱。乐器有芦笙、三眼箫、笛子、唢呐、胡琴、口弦、木鼓、皮鼓、铜锣和钗。芦笙曲调是最古老的曲调，主要分为舞曲和祭把曲两种，每种又有若干曲目。舞曲节奏轻快、低沉，用于跳花场、庆典。祭把曲缓慢，婉转，用于丧事、祭祀。箫琴曲调分为三眼箫曲调和口弦琴曲调。三眼箫曲调婉转柔和，口弦琴曲调低沉柔和，有节奏。唢呐曲调一般是办丧事吹奏，现在办喜事时也吹奏唢口内。

（2）舞蹈。较为简单。舞蹈名称多以乐器命名，如芦笙舞、木鼓舞。芦笙舞均为集体舞。分长（大）芦笙舞和短（小）芦笙舞。长（大）芦笙舞，常常是以两个持长芦笙的男青年在前，边吹边跳，其后排两列男女纵队，围绕场地作圆圈表演，无舞蹈动作。长芦笙舞主要是在祭拜活动时跳，也可作表演性跳。短（小）芦笙舞，几个或几十青年男女，手持芦笙，边吹边舞，舞蹈表演动作较多，队形可变化，多为青年男女跳花坡及婚嫁、庆典表演。

木鼓舞，有单人击鼓、双人表演舞。有单人击鼓，多人踏鼓点，吹长芦笙表演舞。木鼓舞在祭祀时（打戛）才使用，一般不准使用。

彝族婚嫁习俗

盘县彝族婚嫁习俗自古流传,是贵州乃至中国彝族婚嫁习俗的重要表现区域。盘县彝族文化区域处于贵州彝族文化圈和云南彝族文化圈的结合部,这里是云贵彝族文化积淀最古老的地区之一。其特有的价值可以从以下几个方面来理解:其一,盘县彝族婚嫁礼俗是千百年沿袭下来的古制,是盘县彝族深厚历史传统文化的积淀;其二,彝族的毕摩文化在盘县彝族婚姻仪式中有重要的体现;其三,盘县彝族的婚嫁习俗中展现了丰富的歌舞文化,其中,歌唱主要分为两类,一是酒礼歌,二是哭嫁歌。

在盘县彝族婚嫁习俗中,盘县彝族的民族民间音乐、歌舞文化和艺术,亦得到较为充分的展示,尤其是歌唱文化表现得最为完备,从双方相互相识到成亲都需要以歌代言。

盘县彝族婚嫁习俗蕴含了彝族丰富的传统文化知识和婚嫁礼俗的文化要义,如婚礼中的仪式歌对唱、仪式的象征意义等。

贵州省六盘水市盘县北部彝族地区主要包括坪地乡、四格乡、淤泥乡等彝族聚居区。盘县坪地乡位于盘县北部,与水城县的龙场乡、营盘乡和云南宣威市田坝镇接界,毗邻洒基镇、松河乡、四格乡。四格乡位于盘县最北端,素有盘县“北大门”之称,境内的坡上草原已被列为省级风景旅游区。淤泥乡位于盘县北部,东邻保基、南通羊场、西连鸡场坪、松河,北依普古。淤泥乡境内有其独特的文化底蕴,故此在2000年被贵州省文化厅、六盘水市人民政府命名为“歌舞之乡”。

盘县彝族婚嫁习俗主要由对歌相识、请媒说亲、吃定亲酒、嫁娶四个部分组成。

(1)对歌相识。这是盘县彝族婚俗的第一个环节,也是男女青年相互认识的主要方式。传统上不能在家内唱情歌,多选择离家有一定距离、风景优美且具有一定隐蔽性的山坡来对唱。双方通过对歌的形式表达情意,其情歌样式多种多样,多为即兴演唱,只要能传递真情实感就行。男女双方都用情歌来表达自己的真诚,倾诉心中的爱意,逐渐加深感情,确定看中的意中人。歌声是心灵的倾诉和沟通,富有灵性的歌声逐渐把两个年轻人的心拴在一起,让其彼此相伴。

(2)请媒说亲。彝族人的婚姻为父母之命和自由恋爱相结合。婚姻恋爱比较自由,但是媒人(彝语为“莫左”)提亲的习俗还是比较普遍。通过媒人提亲,向外界说明他们已经是恋人了,别人不要再来请求提亲。媒人在这里起到公证的作用,一旦婚姻发生什么变化,媒人就要站出来说话评判。请媒人说亲时,一定要带足10斤定酒,一只公鸡,一定数量的白砂糖和烧纸。说亲的媒人大都能说会道,并且一定要是德高望重的老人,懂得人情世故,可明辨是非,熟悉对方情况。一旦遇到特殊情况及突然出现的意外情况,媒人必须通过自己的威望及机智、见识,化解出现的矛盾和问题,以能够使男女双方正常交流并最终成亲。

(3)吃定亲酒、押八字。押八字就是吃订婚酒,是决定双方婚姻大事的重要环节。按照彝族古老的宗教礼俗及族规寨礼,男女青年在确定婚姻关系后必须合八字。即看看五行天干属相之间是否相合,如合适就正式订婚。也有不用合八字的,如淤泥乡的一些彝族同胞就没有押八字这一环节,一旦情投意合就直接订婚。

正式订婚的彝语为"尼阿克",由媒人、男方的父亲或者母亲、弟弟、表哥、姐夫等人组成的订婚团体,带上礼物去女方家。礼物一般包括火腿一只(火腿必须带有尾巴,寓意后继有人)、猪脚一只(用红布或红纸包裹,红色代表喜庆)、大公鸡一只(公鸡要求必须毛羽鲜红、整齐,鸡冠要红润,无啄伤)、礼金(根据各人的家庭情况而定,可多可少,但一般视女方的要求而定)、蜡烛三对(寓意六六大顺)、九炷香(用红布或红纸包裹,寓意天长地久)、白酒两壶(一般为12斤,两壶代表好事成双,12斤代表月月红,也有24斤或36斤或72斤等)、女方父母及姐妹兄弟的衣服各一套、大米若干、糯米粑若干。男方家的人来到女方家后,女方家一般会请族中德高望重的人参加接待,同时会请一位算命先生。先由算命先生给男女青年排八字,排八字主要是看双方是否八字相合或相冲相克,如果八字相合,则基本算是通过了提亲(如果不同意提亲的话,女方家不会同意男方家的提亲队伍到女方家);如果八字相冲相克,那双方婚事则会自然解除。还有一种是男女双方执意成亲,就由彝族毕摩为双方做法事,以解除相冲相克的八字命(如果出现做法事的情况,则提亲的事还须再重复一遍)。在排好八字,确定男女双方可以成亲以后,女方家会高高兴兴地抱出一只大母鸡,连同男方带去的公鸡在女方家堂中祖先的灵位前一同宰杀,作为主祭品,连同其他事先准备好的供品,一一供奉祖宗,男女青年在祖宗灵位前磕头祭拜。然后双方决定结婚事宜。先由女方家列出结婚时男方须提供的物品及礼金等(女方家一般会根据男方家的家境提出,不会乱说),男方家一般也会接受。接下来就是在女方家摆酒招待客人,以女方家亲戚即村里德高望重的人为主,男方家也要有代表参加,至少4人,比如男方的父亲或者母亲、弟弟(哥哥不能去)、老表、姐夫等。男方家代表到女方家门外要先放鞭炮,女方家亲戚也要鸣炮回敬。开饭前要先点香、烧纸、供饭,以示对祖先的敬重与崇拜。席间即把本家姑娘婚配的事告知大家,女方各家亲戚商议好谁家送些什么家具什物。

(4)嫁娶。婚礼的第一天在女方家办,这天新郎(彝语为“阿乌七”)不到场,只是接亲人去。接亲的人一般包括新郎的弟弟、妹妹、表弟、姐夫、堂兄弟、媒人、帮忙的人若干(亲哥嫂不能去),人数为6人、8人、16人不等,但一定要双数。女方送亲的人数一般要男方接亲人数的二倍,一般是新娘的叔叔、舅舅、哥弟、老表及伴娘。伴娘一定要是结过婚的新娘的长辈(家庭幸福、儿孙满堂且公认其儿孙孝顺者),最低也是新娘的同辈,伴娘一定要是结过婚的新娘的长辈,最低也是同辈分的人,绝对不能是小辈。

接亲时要带上一对粑粑(用簸箕装,上贴大红“喜”字)、香三炷、蜡烛三对、红糖若干、酒两瓶或更多、肉60斤、火腿一只,同时还须准备红伞、镜子、香皂、化妆品、盐巴等日常生活用品。古时新娘出嫁要骑马,新娘的坐骑由男方家提供。快到女方家门口时先放鞭炮,女方家的人则会用盆将水泼在娶亲人的身上(最初泼水是用树枝蘸水后洒娶亲人身上,后来逐渐变成现在的用盆盛水来泼,主要是为了增加热闹氛围)。到门口要先唱调子,对歌,即《拦路歌》,《拦路歌》一是认准是否为接亲人;二是为难接亲人以增加喜庆气氛,有时会长达数小时。各地彝族人民的风俗不尽一致,有的地方,新郎的弟弟在进到女方家时须先到女方家堂屋里向祖先牌位磕三个头。然后接亲的队伍可以全部进入女方家里,吃饭、喝酒、对歌,一般为叙事类的彝族民歌。当晚,新娘及她的姐妹同伴们,把男方带来的粑粑和糖果分给参与此次婚事的人家,接受礼物的人家第家会回送一支麻布。接亲的人安排住在新娘家,住不下的可到邻居家住。

第二天早上,大家先喝酒。吃早饭时,女眷给接亲的人劝饭,在碗底埋辣椒面、盐巴、肥肉,逼着他们吃下,把肉和菜串成串偷偷挂在他们衣服后面。吃完饭后,用煤油和锅烟灰加上酒拌成糨糊,给接亲人抹黑脸,表示新娘家有脸面。

出门前,新娘必须梳妆打扮。梳妆一般由伴娘完成,伴娘会在为新娘梳妆的时候说些安抚、吉利的话。之后新娘的父母会当着接亲的人教育新娘,主要是告诉她到婆家后要孝顺公婆,为人要好,要做个好媳妇,同时也会叮嘱她要经常回家看看。这个时候新娘家的人,主要是姐妹及长辈中女性,会抱在一起哭泣、诉苦、安慰、祝福、告别,唱《哭嫁歌》。

到了预先订好的良辰吉时,由梳头的人为新娘盖上头帕,起身时新娘要先戴上新郎弟弟戴来的竹篾帽,再包上包头,顶上黑色的纱帕(彝语为“苏破”)。胸前挂一面镜子,意思是让身上的镜子射走娶亲路上可能遇到的鬼魔或邪气,保佑新娘、新郎庆吉平安,生儿养女顺顺利利。而后由新娘的哥哥、弟弟或姐夫背新娘上马或上车。上马后又要喝一次酒,新娘喝完后把酒碗往身后扔,使之砸碎,表示把碗砸烂后，新娘要慢慢忘记对家乡的思念，专心建立这个新的家庭。在出嫁路上，新娘绝对不允许下马或下车，也不能回头望。陪嫁的东西（两箱、两柜、拜鞋等）全部由接亲的人负责运送到男方，当时谁接谁就要负责到底，不允许半路分给别的人运送，送亲的人是不负责拿东西的。

到新郎家村口或门口时，要由婆家找两个八字好的人来扶新娘下马。要请毕摩来退喜神（彝语为“色嘞”），意思是将他们在路上可能遇到的鬼神邪气赶走，留在屋外，让新娘新郎平平安安、幸幸福福地生儿育女过日子。新娘进入新房后，送亲的人就被请到堂屋喝“下马酒”。新娘由伴娘陪伴，到吃饭时才出来和接亲的、送亲的人一起吃饭。彝族人民豪爽热情，邻里关系十分和睦，遇有婚事都不请自到，并且要送礼钱、毛毯、被子、电器等物品，以示祝贺。晚饭过后开始闹新房，参加的人一般是新郎的姐夫、妹夫及新婚男女各自的好朋友。闹新房的主要节目有喝交杯酒、咬苹果、点烟等，闹完后新娘给这些人每人送一双鞋垫，让他们分享自己新婚的喜悦。

在婚礼后第三天，婆婆会亲自将新娘从新房中拉出，主要是互相认识，为以后相处打下基础。吃完饭后，新娘要“拜鞋”：向长辈赠送一双鞋，一是作为见面礼，同时展示自己的手工技艺，长辈此时也会向新娘赠送一些礼钱作为答谢；二是在拜鞋以后，新娘要拜别大家，与娘家送亲来的人回娘家。在新娘回娘家时，新娘家会准备一头猪的 1/4 作为回门菜。新娘回娘家住的时间长短由双方商量确定，可长可短，届时新郎会亲自去新娘家接，去时还需带上一些糖、酒等礼物，并由岳父岳母把新娘送回（主要是走亲戚）。

至此，婚礼基本结束。

主要特征：①盘县彝族婚嫁习俗遵循了一定的古制，是盘县彝族深厚历史传统文化的积淀。这是盘县彝族婚嫁习俗最为重要的特征之一，它保持了彝族人由游牧文化转向农耕文化过程中的大量的以婚姻文化为主的传统文化和观念。它既尊重青年人的自由恋爱，也维护了古规的礼仪。②彝族的毕摩文化是其信仰文化的主要表现，在盘县彝族婚嫁习俗中展示和包含彝族一定的信仰文化，也是盘县彝族婚嫁习俗的特征之一。在盘县彝族婚嫁习俗中，毕摩的身影是无处不在的，也使其婚姻礼仪包含了彝族人一定程度的信仰文化。③在盘县彝族婚嫁习俗中，歌唱是其重要的载体，在盘县的彝族地区，婚姻礼俗的展开基本上离不开歌唱。这也是盘县彝族婚嫁习俗的特征之一。

重要价值：①盘县彝族婚嫁习俗是彝族人传统文化的突出表现形式，寓含彝族人民的精神、信仰、价值取向，涉及彝族人的伦理、民俗等诸多领域，对文化人类学、民族学、民俗等学科领域具有重要的研究价值。②盘县彝族婚嫁习俗是现存的一种鲜活的彝族传统文化，是云贵彝族文化圈边沿地带的比较传统的婚姻文化遗存，在彝族文化研究上有重要价值。③盘县彝族婚嫁习俗还是当地彝族歌舞文化展示的一个平台,我们可以从这个平台上看到许多彝族的歌舞艺术文化表现。

苗族采花节

苗族采花节是集祈祷祭祀、欢庆节日、谈情说爱于一体的古老民间习俗,主要分布于盘县的马场乡滑石板村及周边苗族聚居区。苗族采花节因苗族支系不同而异,盘县以马场乡滑石板村的“花苗”采花节独具特色。

采花节是苗族人记录和传承民族文化的载体,以其鲜活的形式,记录、传承和发展着苗族人的历史文化。它倡导的尊老爱幼、夫妻恩爱、邻里和睦、勤劳善良、人与自然和谐相处等理念已成为“花苗”支系的文化标识,也为人类学、民族学、民俗学的研究提供了极为重要的依据,同时对加强民族团结,构建和谐社会起到重要的积极作用。采花节展现的苗族舞蹈、歌曲、器乐等都具有很高的艺术价值和研究价值,特别是民间乐器大筒箫引起了全国民乐专家的兴趣。

采花洞(谢丽红　摄)

马场乡位于盘县东南部,属喀斯特地貌,距盘县城关镇 48 公里,距盘县政府所在地红果95公里，东邻黔西南州普安县的三板桥镇，西接板桥镇，北抵英武乡，南接珠东乡及老厂镇。全乡总面积109.35平方公里，平均海拔1700米；境内四周环山，气候宜人，四季分明，阳光充足，年平均气温15℃，雨量充沛，年降雨量1300毫米左右，无霜期260天以上。

滑石板村总人口1071人，苗族人口占96%；耕地面积805.17亩，主产玉米、小麦、洋芋、大豆、荞、大蒜等。村里苗族文化丰富多彩，被誉为民族民间倍低音乐器活化石——大筒箫的故乡。目前已有两个项目进入省级非物质文化遗产保护名录——苗族大筒箫的演奏与制作和苗族采花节。

苗族历史上迁徙频繁，居住分散，支系较多。盘县苗族的来历，与古时“九黎”“三苗”“南蛮”有着密切联系，系明初调北征南期间，由胡大海率领到贵州西部戍守之湖南城步、武冈苗民，其后裔居住在盘县格所、保基、舍烹等地以及六枝特区的双夕、长寨；还有部分苗族，系明正德年间在洞庭湖一带被明军攻打，迁往湘黔边界雷公山。清时又遭征伐，直到太平军起义，才从雷公山突围而出，往贵州西部迁徙，其后人定居在今六枝特区新场、堕却、羊场、箐口、牛坡及盘县的刘官、羊场、马场等乡镇。

传说300年前，由于战乱，苗族人数逐渐减少，为了躲避汉人的侵扰，苗族同胞从默西大殿、安龙、关岭、兴义、广西等地迁移到盘县境内的深山中，以打猎为生。长期以来，希望本族人像树一样枝叶茂盛且四季常青地发展开来，把精神、希望寄托于树，对其进行祭拜，希望花树能带来人们想要的东西。因而苗族每迁移到一个地方居住，就在周围选一个特定的地方，每年在那立上一棵树，树上接上各种颜色的花，即称采花树。每年的正月初一、初二、初三、十五，全村的人都会聚在一起，立上采花树进行供奉、祈祷，唱山歌，跳芦笙舞，吹木叶、直箫、大筒箫，弹口弦，拉二胡共同欢庆。后逐渐演变成青年男女谈情说爱，展示自己的才能和寻求对象，老人们喝酒聊天、交流感情的节日，苗族人民借此机会用歌声唱出自己的心声，用服饰展现自己的技巧和智慧，用舞姿舞出对未来美好生活的憧憬，以及对新生活的期待。

采花节整个活动程序都是围绕着花树进行，是男女青年谈情说爱的场所，也是苗家妇女展现服饰的节日。在农历正月初一、初二、初三、十五都要汇集于采花洞前，举行选花树、祭树、砍树、妆花树、立花树、祭花树、送花树等仪式。

选花树：一般要枝叶繁茂、长势良好的绿木姜子树或杉树，所选中的花树，树干笔直无大的枝丫，象征着长年顺利，万事如意、夫妻恩爱、感情长久、子孙昌盛等。

祭树、砍树：寨老说四句吉祥话，在花树旁用酒和鸡祭奠后把花树砍三刀，再由两名青年人把树砍下，在鞭炮轰鸣声中，由两名青年舞刀棍开路，两名芦笙手奏乐，众人簇拥着把花树扛到采花洞前绕场三周。

妆花树：由女孩子在树上扎上36朵纸花，花一般为五颜六色，忌白色，每朵花象征着一个愿望,树尖最大的那朵红花象征子女;另外在树上绕上6尺红布,表示日子越过越红火,越过越长。

妆花树(谢丽红　摄)

立花树:经寨老推算出吉时,站在洞口、面向北,花树树根向左,摆放好花树,由主祭人家男主人将事先准备好的大红公鸡当场杀死,将鸡血淋于花树树尖,然后绕到花树树根部,也将鸡血淋在树根。此时请寨老站到桌上,桌子主要是便于寨老说话时引起大家注意,表示尊崇的意思,无特定意义。寨老站于桌子上说祭拜语,众人围于祭师及花树四周,祭拜语多为严肃的内容,祭词为:“树儿树女、树金树银、树邻老少、树男树女、树左树右、树五谷六畜的魂魄全部竖起来哟,永远牢固如石林,茂密像树林。”然后问:“是不是?”众人答:“是。”再问:“有没有?”众人答:“有。”然后,众人把寨老请下桌子,鸣放鞭炮。此时芦笙手开始吹奏芦笙,众族人把树栽立在事先挖好的坑中,并会在花树旁放一坛米酒,坛中插有数枝麦管(供吸酒用)。

祭花树:分为两部分:先是寨老先进行仪式,杀一只预先准备的公鸡,用鸡血祭树,寨老念口诀;再用酒祭,男女青年合唱敬酒歌;再由一位男青年向在场的女青年敬酒,请她唱立花树的歌。这位女青年为主祭人家的妇女,一般情况下她会邀请多位女同伴与她一起唱,被邀请的同伴通常情况下如无特殊原因,是不会拒绝的。歌词是特定内容:立上一棵树、树有四个角、树下四条根、开花又结果、如星亮晶晶。唱完歌后,参加唱歌的人都会在坛中吸一口米酒。

花树立起后,寨老和主办人坐树下,数十对芦笙手开始绕花树跳芦笙舞。通常

祭花树(谢丽红 摄)

寨中能跳芦笙舞的人都会参加,所以场面非常热烈。在跳芦笙舞时,会有比试水平高低的气氛,特别是未婚的男女青年芦笙手,他们会很认真地进行演奏,并边吹边跳。因为这是一个展示自己才能的机会,可以通过这种展示,获得意中人的认可,找到对象。芦笙手如果累了,可以回到花树下休息,在酒坛前用细竹筒吸一口米酒。在祭花树过程中,苗族同胞有比服饰、比饮食、比芦笙舞等内容。

送花树:经祭拜后放鞭炮。放完鞭炮一般由寨老决定将花树送与立树的人家,立树人家的男性背着从花树上取下新背带,其他人用盘端着树尖上那朵最大的红花(表示子女)、钱、米,背背带的男人边走边学婴儿啼哭;到立树人家门口时,立树人家在此相迎,并且由立树人家中的女人将背带抱下放在干净或新的被子里,表示给自家来年生个胖娃娃和带来粮食、钱财。还有的是将花树送到一个不被人畜践踏的地方或一个岩洞里。送完花树后,主送者还要念念有词,其大意是:"花树送到石旮旯,快长快大快开花。送完花树到大岩洞,发花结果保苗家。"至此,整个活动就结束。

采花节为苗族男女青年提供了谈情说爱的机会和场所,还会有许多娱乐活动,如打竹筒、吹木叶、对山歌等。

打竹筒:打竹筒是将两截竹筒用一根长线连接,长线用油浸过,浸过油的线传音效果会很好。长线可长可短,一般在10米左右,用蛇皮蒙上竹筒的一端,长线由蛇皮通过,连接另一截竹筒。在打竹时,男女青年各站一边,如果有自己的意中人,则通过竹筒向对方说话,内容多为了解对方情况,向对方表白等。

吹木叶:苗族同胞大都会使用木叶吹奏山歌,木叶一般选择常绿植物的小叶。

苗族小伙子吹木叶传情达意(谢丽红　摄)

对山歌:是男女青年互相了解和认识,加深与对方感情的一种方式。

青年人找到了心上人,一群群,一对对地叙唱衷肠,有的抢花背,讨信物,嬉笑打闹。女青年将所有花背穿上,一件件脱给那些她认为可给的小伙子,直到最里层的一件花衣为止。男青年以能够抢到更多的花背为荣,因为能抢到花背是表现自己得到女青年芳心的表现。女青年以被许多男青年哄抢花背越热闹越开心,说明女青年所绣花背漂亮,针线活很精美,手艺巧,能持家,贤惠,被男青年认可,预示能找到好婆家。到最后这些花背将安然无恙地还到每个姑娘手中,男青年是绝对不能把花背留在手里的,除非花背是和自己已经确定了恋爱关系的女青年的,并且女青年同意送给他后才能把花背留着,否则会遭到大家的笑话。

主要特征:彝族人民在历史的长河中积累了丰富的民族文化和民族情感,在与自然作抗争的过程中,为了抒发这种情感和凝聚民族情感,自发地形成了多样的民族节日,这些节日在一定程度上体现了民族精神,也具有其独特的民族文化。

(1)民族文化传统性。采花节是马场乡苗族同胞特有的集祈祷祭祀、欢庆节日、谈情说爱于一体的传统民间习俗。其中的歌舞是苗族人民千锤百炼而流传下来的集体创作的结晶,具有广泛的群众性和民间传承性。山歌如流水般在苗族人民的口头中一代又一代地流传至今,集人类起源、苗族起源、生产劳作、待人接物、伦理道德、婚嫁建房、丧葬祭祀等丰富的内容。

(2)祭祀象征性。表现了苗族人民对自然界的崇拜,体现了人与自然的和谐,同时表达了苗族人民祈福禳灾、祈求平安吉祥的心愿。花树及树上的花象征着万事如意、夫妻恩爱、感情长久、人丁兴旺、花茂果密。

(3)群众性。采花节由原本单一的祈祷活动逐渐演变成欢庆及年轻人谈情说爱、展示才华的群众性文娱活动,具有广泛的群众性。每年滑石板村的苗族在农历正月初一至十五都要集于当地的采花洞前开展丰富多彩的文艺体育活动,如唱情歌、吹芦笙等。姑娘们把耗时多年,精心绣制的盛装也穿了出来,在取悦心上人好感的同时还赢得众多亲友、游客的赞。采花节期间,除了附近各兄弟民族,还涉及周边县及昆明等地的人前来参与。

(4)传承性。苗族是一个没有文字的民族,主要靠服饰、歌舞及口头语言来传承本民族的历史文化。采花节活动承载着大量的民俗事项,早已引起民俗专家学者的重视。它是苗族人民情感交流的纽带,其中的舞蹈、歌曲、器乐都具有很高的艺术价值和研究价值,特别是民间乐器大筒箫引起了全国民乐专家的兴趣。采花节活动中的祭祀文化、庆典及其独特的婚俗习惯对于传承苗族文化有着十分重要的作用。

(5)具有固定的时间和场所。苗族每迁移到一个地方居住,就在周围选一个特定的地方,每年在那立上一棵树,树上扣上各种颜色的花,即称采花树。滑石板村的采花树立在一个当地村民避鬼趋邪的山洞前,这山洞因此得名为采花洞。

送花树(谢丽红　摄)

重要价值:①采花节是苗族人民记录本民族文化传承本民族发展史的一个活载体。采花节以它鲜活的形式,传承着苗族人民的语言、音乐、舞蹈、器乐等文化内容,同时也让,苗族同胞记住本民族生存发展的历史。②采花节对研究人类学、民族学、民俗学具有很重要的价值。采花节生长于苗族地区并深深扎根于民间,富有地方特色和民族特色,是苗族人传统文化的突出表现形式,寓含苗族人的精神、信仰、价值取向,涉及苗族人历史、伦理、民俗、自然和衣食住行等方方面面,是苗族人类学、民族学、民俗学的研究素材。③采花节已成为苗族的人文标识。它植根于苗族群体的文化传统和文化历史之中,在该民族群体中起着确认文化身份的作用。同时它所倡导的尊老爱幼、夫妻恩爱、邻里和睦、勤劳善良、相互依存、人与自然和谐相处等理念,在当今人际交流、族际交流中具有广泛的教育意义,苗族人民在现代社会还继续传承好客、友善的优良传统。对于加强民族团结,构建和谐社会起到重要的积极作用。④采花节是现存的一种鲜活的苗族传统文化。它所展现的苗族舞蹈、歌曲、器乐等都具有很高的艺术价值和研究价值。

布依族服饰(布依族五等装)

六盘水市水城县境内的布依族主要居住在北盘江上游两岸,各支系衣着服饰各具特点。五等装系水城猴场、红岩一带布依族“喜鹊布依”支系所独有的民族特色服饰,至今承传较为完好。据猴场乡打把村老年人介绍,不同场合穿的五等装是历代所传。从明代迁入当地后,五等装就一直在本地民族中承传之作穿戴,成为本支系区别其他地方支系的主要识别依据。具体渊源已不可考。

打把村所在的猴场乡位于水城县东南面,水黄公路横穿全乡,全程 17 公里。乡政府驻地距县城 43 公里,乡境东与六枝特区中寨乡接壤,南与黔西南州的晴隆县、普安县的龙吟镇交界,西与水城县果布戛乡隔河相望,北与水城县蟠龙乡、红岩乡毗邻。全乡居住着苗、布依、汉、仡佬、彝、回、水 7 个民族,辖 11 个村 109 个村民组,4551 户 18545 人。其中,布依族人口 1300 余户 5000 余人,约占总人口的 30%。

水城猴场、红岩一带的布依族五等装充分体现了当地布依族的礼仪道德规范和艺术审美特点。五等装与当地传统独特的布依风俗习惯、历史文化、生产生活紧密联系,其工艺及装束打扮等都集中地展现出了当地布依服饰文化的工艺水平,以及独特技艺。

“五等装”即特等装、一等装、二等装、三等装、四等装5类。

特等装在丧葬场合祭祀迎宾时穿戴，须高鬏上顶黑丝帕，插银花、佩银角。未坐家的少妇和姑娘则另在额顶上方箍带“银勒”。挂贯耳竹节银耳环，颈上带4螺旋绞连银项圈(有的还加挂两串刻花银牌)。上衣着黑白相间5~8件套衣，对开叉襟，襟长至腹下，内长外短，要使别人能看清所著件数，以示制作工艺及家底。外衣为黑缎子，领、袖口、襟边、水脚皆用红、黄、绿、蓝缎子贴边，上绣龙、凤、鸟、鱼、云钩、树叶、白果等五彩图案。除大指以外两手分戴8只银质椭圆开戒指，腕带6对牙骨或银质手镯。下穿百褶裙四铺。裙由上部裙桶和下部裙脚缝合而成，裙桶由一丈二尺紫红色绸缎布制作，裙脚七寸余宽的黄黑丝线稻穗图案织锦花边，长盖脚背。长裙后面系后裙一铺，紫黑色细布制作，腰用绿丝线串缝成带，上半部贴镶红缎3条，裙褶收缩成扇状，比长裙短二寸。右边贴腰处系白铜铜烟锥、绣花荷包等，左边腰系七色绸子飘带，飘带与后裙等长，下端绣花、吊腰须、前系两块围腰，围腰为工方形绿、蓝、黑、紫缎子作底绣花，从小腹直盖到裙脚。围腰头成马鞍形绣花图案装饰，上接绣花挂领带。围腰还需另接缎子围腰带，长一丈二尺，系时围过腹后在后面打接，带端绣花成菱形垂到脚后跟，并手执蜡染长帕，脚穿粉底绣花云勾满帮直鼻夹尖鞋。

布依族特等装(周友武　摄)

一等装为姑娘出嫁时穿戴，头饰银饰与特等装相同。上衣用自织自染的紫金色细布制作，4~8套件，黑白叠衬、逐渐缩短。长裙用8尺紫金色布料制作，裙脚用红黑丝线混织浮萍织锦。后裙、围腰等装束与特等装同，脚穿粉底满帮花统子弯勾夹尖鞋。

二等装是布依族同胞在走亲串戚、吃酒场合中穿戴。头上不需插银花，而饰以红珠。衣为2~4件套，彩布缀边绣花，外套自织自染紫黑色棉布紧身刺绣装饰无袖对开襟短褂(俗称“马甲”)，大领花边绣成白果花或竹节花等。长裙脚用红黑棉线浮萍织锦，后裙全为紫黑色。围腰用一般黑色面料挑绣。脚穿飞蛾头绣花半统粉底夹尖鞋，可戴银项圈，所戴手镯、戒指数量不限。

二等装(高昌烈　摄)

三等装又叫青年装,为最常见的会客装,多在赶场或走亲串戚时穿用。其特点为白布对开衩襟大领窄短上衣,衣襟盖脐,2~4件套。袖口3寸左右用素色花布贴边,上接五寸左右紫黑色白染青布。浅黑布镶领,外罩紫黑色对开衩襟大领无袖短褂,领口挑绣稻穗花纹等镶饰。裙、围腰跟二等装差不多,腰围上仍系一根方方正正的带子(宽一尺二,大者长二丈,小者长七尺),脚穿粉底蝴蝶花统子夹尖鞋。左手戴牙骨或银质手镯,数量不限,可戴银项圈。

四等装又称"当家衣",平常或做活时穿,一般为发鬏顶黑帕,穿对开衩襟大领黑上衣,着一般长裙,系满口围腰或半截围腰,后裙褶裥,中老年妇女穿飞蛾头夹尖鞋,青年妇女多穿布耳鞋。银饰只带竹节耳环,以及一二对牙骨手镯。边饰花边等较为随便。现多着父母装,颜色不限,改裙为裤,系素色围腰。

三等装(高昌烈　摄)

四等装(高昌烈　摄)

五等装衣、裙制作面料除绸缎由市场购买外,其他布料均为用自己栽种的棉、麻、靛染纺织染制而成。备好面料后,按所穿人身材的大小剪裁成不同尺寸的衣料缝制。其刺绣装饰是先用纸剪成各种花样,按不同部位所需图案绣成绣片,然后予以拼接。五等装刺绣工艺有平绣、盘绣、辫绣、缠丝、锁扣、打子等多种刺绣技巧。刺绣中可各种技法相间,绣工严谨。传统花纹有盘龙、飞凤、游鱼、蝴蝶、云勾、树叶、白果、牵牛、刺梨、稻穗等图案形式。用色多以青、紫辅底,用白、黄、绿、桃红、大红、深蓝、浅蓝等色相互衬托搭配,色调明朗鲜活,绣法或平顺满铺,或盘结缠绕。有较强的立体浮雕效果。

桶状长裙和扇状小裙(后裙)均为白褶裙。长裙上段用料为黑色自织自染,青黑色麻布或棉布;下段(亦称裙脚)用料为赭黄与紫红色自染自织纱线加红、黑丝线织锦而成。裙子折叠成褶需用线串联后再用石磨反复重压定型,以求棱角分明,方实紧凑,严戒松散乱缝。

围腰、花鞋、带帕等刺绣工艺装饰手法与衣同。银饰由专门的艺人制作。

相关器具有缝衣针、绣花针、顶针、剪刀、花线、线砣、树钩、线架、梭子、各色花线、花样纸等。

制品有上衣、大裙、小裙、围腰、头帕、绣花鞋、腰带、手帕、背包等。

银饰有头勒、耳环、项圈、挂牌、手镯、戒指、烟盒、针筒、挂链等。

主要特征:①水城猴场、红岩一带的布依族五等装是北盘江上游以打把村为代表的世居“喜鹊布依”支系中唯一能区别分开的服饰装束。充分体现了当地布依族的礼仪道德规范和艺术审美特点。②五等装世代因袭,较少变化,分别在不同的礼仪场合和生活环境中穿用。③五等装用料不同,简繁不同,件套不同,搭配不同,装饰不同,与当地传统独特的布依风俗习惯、历史文化、生产生活紧密联系。④其相关的用料织造染制、剪裁刺绣、银饰工艺及装束打扮等都集中地展现出了当地布依服饰文化的工艺水平,以及独特技艺。

相互交流刺绣技艺(高昌烈 摄)

重要价值:严谨规范的“五等装”是考察研究布依族社会历史、生活习俗的重要实物资料。①五等装服饰集织锦、刺绣、织锦为一体。其装饰手法集黔西北北盘江沿岸一带布依族服饰工艺之大成。其相关的手工纺织(有种植、捻纺、织造等程序),靛染(有制靛、配色、浸染、定型等多道工艺），刺绣（有挑花、平绣、辫绣、盘绣、缠丝、锁扣、打籽绣等多种技法），以及相与搭配的银饰等。服饰内容涵盖面广，工艺制作程序复杂，集中反映了该民族的审美价值和生产技艺，具有重要的民族工艺技巧性和艺术欣赏价值。②五等装自古传承，分别在不同的礼仪场合和生产生活过程中穿戴，承载着众多的民族传统、文化信息和民风民俗记忆。具有独特的历史文化价值和科学研究价值。③五等装系统地保留了当地布依族传统民间服饰艺术的特有形式和风格，为当地布依族独特的民间艺术表现提供了广博的释放空间。其形成具有统一的民族认同感，是当地布依族区别于其他支系和民族、增加民族凝聚力的纽带。其存在对加强民族之间的沟通和了解，营造当地民族生产生活的祥和气氛，构建和谐社会均具有十分重要的意义。

盛装参加活动的布依族妇女（周友武　摄）

仡佬族吃新节

六枝特区箐口乡居都村是贵州省内仡佬族语言保留得较为完整的仡佬族社区。由于特殊的自然地理环境和语言基础，居都村仡佬族创造了古朴、独特、神秘的祭祀文化。其中，以“吃新节”最具代表性。吃新节是仡佬族最隆重的传统节日。每年农历八月的第一或第二个虎场天，居都仡佬族“吃新节”便开始了，整个节日持续三天,目的是祭祀天地、缅怀祖先、祈祷丰年。它不但保留了许多远古时代的风俗信息,而且“吃新”气氛热烈,充满情趣。

祭祀文化是“吃新节”的核心,其内涵体现为祖宗崇拜和自然崇拜。祭祀活动由长房主事人主持。长房主事人是本宗姓的长房长子,地位世袭。祭祀用语全为仡佬语,不准说其他民族语言。祭祀宰牛(宰马),讲求“血祭”,崇尚雄性和神力。祭祀物品除用牲畜、米饭之外,长房主事人还要上山采集数种野生植物,以此纪念祖先“开荒辟草”的艰辛。

居都村仡佬族“吃新节”为我们真实地记载着中国历史演进过程中的仡佬族民俗风情,它承载着仡佬族生生不息的优秀传统文化血脉,是我们研究仡佬族原始信仰和仡佬族历史人文生存变迁的一部“活态”教材。抢救和保护居都仡佬族“吃新节”,不仅对丰富和完善仡佬族史料有着珍贵的历史价值,更对推动中国原始信仰和民俗学研究有着十分重要的学术价值。

象征日月星辰的祭台(周友武 摄)

仡佬族“吃新节”以其严格完整的程序传承着独特的民族祭祀。这种严格完整的程序,成为密切人际交往、维系民族感情、加深民族认可、增进民族凝聚力的特殊的精神纽带。

居都村仡佬族“吃新节”具有广泛的综合性或包容性,包括经济、伦理、习俗、社交、宗教信仰、传统等方面的活动,内容十分丰富。因此,其有着无穷的魅力。可以说,“吃新节”是仡佬族物质文化与精神文化的结合体,是仡佬族文化的博览会。“吃新节”传统文化的发展或延续,对树立其文化主人的意识,提高民族的自信心和自豪感,具有重要的意义。

箐口乡位于贵州省六枝特区西部,距特区政府所在地 34 公里,东邻堕却乡,西与水城县红岩乡接壤,北靠堕却乡郎节坝,南与中寨乡接壤,全乡总面积 56.4 平方公里,土地面积 15706.7 亩,占总面积的 18.6%。

仡佬族是我国历史悠久的少数民族之一,是从古代僚人中发展出来的。在公元前 3 世纪末期到公元 3 世纪初期(汉末),西南地区夜郎一带,已经有包括仡佬族先民在内的僚人活动。公元前 111 年后,汉代中央政府在夜郎及其附近地区设置了郡。从此,该地的主要居民——僚人,与中原地区在政治、经济和文化等各方面都有了较多的联系。

采新(罗刚　摄)

唐宋时期的书籍中,有关于“噶僚”“仡僚”“佶僚”“仡佬”的记载。这些异写而音近的名称,一般都是从隋代以前史书中常用的“僚”人一词演变出来的。14~17世纪(明代)的有关著作中,则明白地指出了仡佬和僚的关系,如《嘉靖图经》记载:“仡佬,古称僚”;田汝成著的《行边纪闻》中,也曾提到“仡佬,一曰僚”。这些都在一定程度上反映了古代僚人与仡佬族的关系。文献中记述唐宋以前僚人活动的地区和唐宋以后仡佬族分布的地区,大体一致,或者记载着僚人与仡佬族在同一时期居住在同一地区内。僚是古代西南地区若干少数民族的泛称,仡佬族是从僚人中发展出来的,是贵州历史最悠久的土著民族。在历史上,仡佬族长期为外族土司所统治,残酷的镇压和剥削使仡佬族不断地迁居深山老林。但是不管他们迁居那儿,都不会忘记本民族是黔地本地人。这正是仡佬族爱本土、以本土本地人为荣的民族精神的体现。据老人们回忆,自他们迁徙到居都这个地方就已过“吃新节”,一年一度,世世代代相传。

吃新节是一个充满着神圣色彩的祭祀活动。祭祀祖先,感谢祖先的恩德,保佑来年风调雨顺。吃新节共持续三天。

第一天(虎场天):在杀牛场,由寨老杀牛杀马(牛、马由全村人共同出资买。牛一定要杀,如果条件不好,买不起马,则每家每户杀只公鸡代替)。宰杀前,寨老要喊:“请老王山、老黑山、九层山、黑那嘎山、人头山、者老山、麻堕山、金坡山、簸箕山,请你们来吃新。”念完之后,让人用布蒙住牛眼,用绳子捆住牛脚,将其放倒,然

祭祀祖先(罗刚 摄)

后杀了剥皮。同时,寨老唱祭祀歌:

今天是新年新节,
我们吃新节已经到来。
要请天要请地到我们这里来。
我们要杀牛祭天,杀马祭地。
请你们天和地各人来领收。
把牛把马杀了以后,
我们要掏新谷子来供天供地,
我们才敢吃新谷子。
祈求风调雨顺。
供天供地之后,
我们要供祖先,
因为祖先对我们有保佑。
保佑子孙繁荣,后代昌盛。
供了祖先之后,
我们才敢吃新米饭。
之后我们还要请九个坡头的祖山,
保佑我们年年顺顺畅畅。

牛心按每户切碎分好,与牛肉一起分到各家各户。牛皮卖钱平分。

杀马祭天(周友武　摄)

第二天(兔场天):各家做饭供五谷大神和祖先,亲朋好友相聚一起喝酒、吃饭。

第三天(龙场天):各家煮熟分得的牛肉、牛心。各家各户到田里摘取两线公谷(谷杆高,谷粒不饱满或空壳)和两线母谷(谷杆矮,谷粒多且饱满),以及其他的蔬菜瓜果。公谷挂在炕上留作纪念,母谷用手一粒一粒剥开来(新米),然后用新水(刚从井里挑回来的水)煮成饭。拿新米饭捏九个饭团,跟牛肉、牛心一起供天地、祖先和五谷大神,纪念祖先开荒劈草付出的辛勤劳动,祈求保佑来年风调雨顺,五谷丰登。供完后全家一起喝酒吃饭,庆祝丰收,分享快乐。

杀牛祭地(周友武　摄)

主要特征:①祭奠性:祭祀文化是“吃新节”的核心,其内涵主要体现为祖宗崇拜和自然崇拜。②感恩性:感恩天地赐予“谷子”,祈求风调雨顺;感恩祖先“开荒辟草”,保佑繁荣昌盛。③平等分享性:在“吃新”的过程中,居都仡佬族男人们平等地分享着自己文化所带来的快乐和自豪。④主事人的唯一传承性:吃新节由主事人主持,主事人为本宗姓的长房长子,其传承具有唯一性的特征。⑤民族语言的完整性:居都村仡佬族是至今保存仡佬族语言为数不多的仡佬族社区,语言保留得比较完整,主事人在主持祭祀的过程中皆使用本民族语言主持仪式。⑥古朴、热烈:吃新节是一种原始的民间信仰,古朴、独特、神秘。它不但保留了许多远古时代的风俗信息,而且“吃新”气氛热烈,充满情趣。⑦群众性:每年一度的吃新节,作为居都村仡佬族的男人们都必须参与。⑧综合性和包容性:“吃新节”具有广泛的综合性和包容性,包括经济、伦理、习俗、社交、宗教信仰等方面的活动,内容十分丰富。

仡佬族各村寨均会举办吃新节(周友武　摄)

重要价值:①居都村仡佬族“吃新节”为我们真实地记载着中国历史演进过程中的仡佬族原始信仰,它承载着仡佬族生生不息的优秀传统文化血脉,是我们研究仡佬族原始信仰,特别是仡佬族历史人文生存变迁的“活态”教材。抢救和保护居都仡佬族吃新节,不仅对丰富和完善仡佬族史料有着珍贵的历史价值,更对推动中国原始信仰和民俗学研究保护工程有着十分重要的学术价值。②仡佬族“吃新节”以其严格完整的程序传承着独特的民族祭祀,这种传统生活与原始信仰的统一,使它成为构建仡佬族祭祀文化重要组成部分,成为密切人际交往、维系民族感情、加深民族认可、增进民族凝聚力的特殊的精神纽带。③居都村仡佬族是至今保存仡佬族语言为数不多的仡佬族社区,语言保留得比较完整,主事人在主持祭祀的过程中皆使用本民族语言主持仪式。在祭祀过程中还能保存仡佬语祭祀，这使其具有非常重要的语言学研究价值。④"吃新节"具有广泛的综合性或包容性，包括经济、伦理、习俗、社交、宗教信仰等方面的活动，内容十分丰富。因此，她有着无穷的魅力。可以说，"吃新节"是仡佬族物质文化与精神文化的结合体，是仡佬族文化的博览会。"吃新节"传统文化的发展或延续，对树立其文化主人的意识，提高民族的自信心和自豪感，具有重要的价值意义。

苗族服饰

陡箐苗族彝族乡位于水城县东部，素有水城县"东大门"之称，距市中心区32公里，县城双水28公里。东接六枝特区新场乡、西邻滥坝镇、南接红岩乡、蟠龙乡、北与化乐乡、比德乡毗邻，是一个苗族、彝族、回族、布依族等十余个民族聚居的农业乡。境内最低海拔130米，最高海拔2006米。呈阶梯状分布，地势山高谷、深北高南低，喀斯特地貌特征显著，株六复线、贵烟公路横穿境内。全乡总面积146.36平方公里，辖9个行政村、100多个村民组，4738户，共计21883余人。其中苗、彝、回等少数民族6508人，占全乡人口的31%，总耕地面积为0.94亩。

猴儿关在陡箐乡政府西面，距县城双水25公里，隶属茨冲村管辖，东临夹岩村和陡箐村，西接茨冲村麻窝组，北接坪箐吊水岩组，南接茨冲村大寨组，大烟公路、贵昆铁路及株六复线从境内通过，交通十分便捷。猴儿关组总户数114户，人口428人，其中有4户汉族，人口16人，其余全部为部分"歪梳"苗支系人口。

其服饰制式为：男装分长短两式。短者对襟，长者右衽，皆为立领，面料多用自织靛染布。女装上衣为大右衽开襟徐领，窄袖紧身，无扣，大圆摆，深腋衩，衣长平脐（长约一尺五寸），用双料做成，里层白布，面料分上下两部分组合。胸围肩围以上多为平绣或深色布，图案有太阳花、菊花、荷花等，组成较为自由。下部分为蜡染，袖子图案由扇子花、大蝴蝶花等团状组合，肩围连接外为5~7道红绿蓝窄布条搭配镶接。袖口则由三道蓝红绿布宽条相连。胸围至衣摆蜡染图案较为固定，以四段以点、小圆涡为主，间以杉树尖、银松花等成条状排列组合。具有纪念苗家迁徙历史的意义。裙为百褶裙，长及小腿（约二尺五寸），白布衬里。裙头以五寸宽白布为腰，下接二寸宽蜡染，蜡染以下则为5~7寸宽挑花，图案有凤凰花、轿子花、小鸟花等作状对称环形排列。挑花以下至裙脚全为黑色。围腰为平头斜肩宽边绣花裙褶围式。围腰上部及两边皆为平绣或挑花、蜡染，中间打褶，上白下黑与裙相齐。围腰头仅到上腹，上连绦带挂颈。围腰是歪梳苗服饰中的重要服饰，是集中表现歪梳苗妇女刺绣工艺水平的主要地方，出门必带，多者可同时带 2~5 块，以示本事。鞋为船形绣花鞋、钉鞋或皮鞋等。裹白绑腿，亦饰耳环、手镯及项圈等。头饰以毛发搓成细绳数百条结于彩色木梳上成假发束。梳妆时将假发束木梳插于真发上，再将假发束旋扭成股从右往上绾，盘成螺型垂髻后用梳子成型。古时饰梳子 3 把，今只用 1 把。

妇女装（高昌烈　摄）

儿童装（高昌烈　摄）

服饰装饰以刺绣、蜡染为主。刺绣中尤以其剖线平绣最具特色。蜡染则单染复染结合，画蜡精细稹密。

服饰主要图案（高昌烈　摄）

其制作工艺主要有蜡染、刺绣、裁剪缝制。

在苗绣制作中,相关器具:①火麻、蒿枝、绞车、纺车、织布机。②蜡刀(笔)、下铁爪(化蜡用)、炭盒、染缸(木或陶)、一块长约90厘米×50厘米×2厘米左右的木板(作化蜡用),黄蜡、蓝靛、白织麻布、漂白府绸、细白布;③各色花线、绣花针、剪刀等。

其生活制品主要为绣花鞋、上衣、围腰、裙子、童鞋、背扇、手帕、背包等。

200年前,猴儿关歪梳苗支系祖居洞庭湖一带,为避战乱,族人逐渐从北往南迁徙至湘黔边界,徒至猴儿关。其服饰以块状搭配为主,花纹图案反映了洞庭湖一带。田间阡陌纵横的地理生产环境,服饰形式自古流传,延续至今,具体年代已不可考。

刺绣前先通过剪纸剪出图案纹样

(高昌烈　摄)

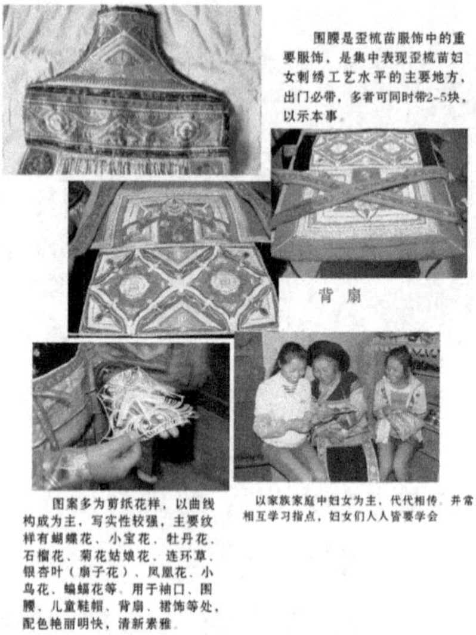

苗族服饰

(董成　摄)

主要特征:①猴儿关“歪梳苗”支系服饰由衣、裙、围腰、鞋等部分组成,再配以其他物件(如银饰等)。衣以蜡染为主,右衽窄袖,圆摆出露。裙为百褶筒型长及小腿,上部以刺绣及蜡染图案装饰,下部纯黑起褶,腰头不过腹,下与裙齐,中间起褶。上边接头主花背为精美刺绣或蜡染花纹图案。式样独具特色。②服饰装饰工艺以蜡染、刺绣为主。其中蜡染以单染复染结合,绘工精致,花纹细密绘满。构图严谨流畅。技巧性高,表现工艺独特。刺绣中以剖线平绣,及顺针挑花最具代表性。配色以复合色配原色逐层推进,由深到浅,有艳丽明快,清新雅素的特色。③图案多为写实性装饰花纹图案,有扇子花、太阳花、蝴蝶花、菊花、凤凰花、轿子花、小鸟花、很松花、杉树尖等数十种。部分自古承传的花纹图案具有特殊的纪念寓意。如上衣下摆蜡染图案始终是不变的山川江河纹,具有纪念祖先从长江中下游一带迁徙而来和失去的家园的苦难历史的特殊含义等。

重要价值:①猴儿关苗族歪梳苗支系服饰形式独特,内涵丰富,是其支系的文化表识,对确认该支系部群的文化身份、维系该支系的生存与发展,起着重要的纽带联结与精神凝聚作用。其传承与保护对于加强民族团结、构建和谐社会亦有重要积极作用。②该支系服饰制作所采用的臂线平绣,顺针挑花,细绘蜡染等工艺性强,技法独特,其传统的用色习惯及逐层推进的配色技巧等均有本支系艳丽多变的艺术特点,具有较高的欣赏价值和艺术研究价值。③服饰所有装饰图案及制式自成一格,服饰本身具有的特殊纪念寓意等加深了其文化内涵。自古传承的形式及内容使该服饰具有不可替代的传统文化价值及民族民俗文化研究价值。

附录

附录一　贵州省国家级非物质文化遗产名录

第一批

项目名称	申报地区或单位
民间文学	
苗族古歌	贵州省台江县、黄平县
刻道	贵州省施秉县
传统音乐	
侗族大歌	贵州省黎平县
侗族琵琶歌	贵州省榕江县、黎平县
铜鼓十二调	贵州省镇宁布依族自治县、贞丰县
传统舞蹈	
苗族芦笙舞（锦鸡舞、鼓龙鼓虎—长衫龙、滚山珠）	贵州省丹寨县、贵定县、纳雍县
木鼓舞（反排苗族木鼓舞）	贵州省台江县
传统戏剧	
花灯戏（思南花灯戏）	贵州省思南县
侗戏	贵州省黎平县
布依戏	贵州省册亨县
彝族撮泰吉	贵州省威宁彝族回族苗族自治县
傩戏（德江傩堂戏）	贵州省德江县
安顺地戏	贵州省安顺市
木偶戏	贵州省石阡县
曲艺	
布依族八音坐唱	贵州省兴义市
传统美术	
苗绣（雷山苗绣、花溪苗绣、剑河苗绣）	贵州省雷山县、贵阳市、剑河县
水族马尾绣	贵州省三都水族自治县
传统技艺	
苗族蜡染技艺	贵州省丹寨县
苗寨吊脚楼营造技艺	贵州省雷山县
苗族芦笙制作技艺	贵州省雷山县
玉屏箫笛制作技艺	贵州省玉屏侗族自治县
苗族银饰锻制技艺	贵州省雷山县
茅台酒酿制技艺	贵州省
皮纸制作技艺	贵州省贵阳市、贞丰县、丹寨县

民俗	
苗族鼓藏节	贵州省雷山县
水族端节	贵州省三都水族自治县
布依族查白歌节	贵州省兴义市
苗族姊妹节	贵州省台江县
侗族萨玛节	贵州省榕江县
仡佬族毛龙节	贵州省石阡县
水书习俗	贵州省黔南苗族布依族自治州

第二批

项目名称	申报地区或单位
民间文学	
仰阿莎	贵州省黔东南苗族侗族自治州
布依族盘歌	贵州省盘县
珠郎娘美	贵州省榕江县、从江县
苗族贾理	贵州省黔东南苗族侗族自治州
传统音乐	
苗族民歌(苗族飞歌)	贵州省雷山县
布依族民歌(好花红调)	贵州省惠水县
芦笙音乐(苗族芒筒芦笙)	贵州省丹寨县
布依族勒尤	贵州省贞丰县、兴义市、镇宁布依族苗族自治县
传统舞蹈	
毛南族打猴鼓舞	贵州省平塘县
瑶族猴鼓舞	贵州省荔波县
彝族铃铛舞	贵州省赫章县
传统戏剧	
黔剧	贵州省黔剧团
传统技艺	
陶器烧制技艺(牙舟陶器烧制技艺)	贵州省平塘县
苗族织锦技艺	贵州省麻江县、雷山县
枫香印染技艺	贵州省惠水县、麻江县
彝族漆器髹饰技艺	贵州省大方县
传统医药	
传统中医药文化(同济堂传统中药文化)	贵州省同济堂制药有限公司
瑶族医药(药浴疗法)	贵州省从江县
苗医药(骨伤蛇伤疗法、九节茶药制作工艺)	贵州省雷山县、黔东南苗族侗族自治州
侗医药(过路黄药制作工艺)	贵州省黔东南苗族侗族自治州
民俗	
苗族独木龙舟节	贵州省台江县
苗族跳花节	贵州省安顺市
苗年	贵州省丹寨县、雷山县

扩展项目

传统音乐	
多声部民歌(苗族多声部民歌)	贵州省台江县、剑河县
侗族大歌	贵州省从江县、榕江县
传统舞蹈(2项2处)	
狮舞(布依族高台狮灯舞)	贵州省兴义市
铜鼓舞(雷山苗族铜鼓舞)	贵州省雷山县
苗族芦笙舞	贵州省雷山县、关岭布依族苗族自治县、榕江县、水城县
传统戏剧	
花灯戏	贵州省独山县
傩戏(仡佬族傩戏)	贵州省道真仡佬族苗族自治县
传统美术	
剪纸(苗族剪纸)	贵州省剑河县
苗绣	贵州省凯里市
泥塑(苗族泥哨)	贵州省黄平县
传统技艺	
侗族木构建筑营造技艺	贵州省黎平县、从江县
蜡染技艺	贵州省安顺市
银饰制作技艺(苗族银饰制作技艺)	贵州省黄平县
传统医药	
中医传统制剂方法(廖氏化风丹制作技艺)	贵州省遵义市红花岗区、汇川区
民俗	
苗族服饰	贵州省桐梓县、安顺市西秀区、关岭布依族苗族自治县、纳雍县、剑河县、台江县、榕江县、六盘水市六枝特区、丹寨县
侗族萨玛节	贵州省黎平县

第三批

项目名称	申报地区或单位
民间文学	
亚鲁王	贵州省紫云县
传统美术	
侗族刺绣	贵州省锦屏县
传统体育、游艺与杂技	
赛龙舟	贵州省铜仁市、镇远县
民俗	
布依族“三月三”	贵州省贞丰县、望谟县
侗年	贵州省榕江县
歌会(四十八寨歌节)	贵州省天柱县
月也	贵州省黎平县
苗族栽岩习俗	贵州省榕江县

扩展项目

传统音乐	
侗族琵琶歌	贵州省从江县
苗族民歌(苗族飞歌)	贵州省剑河县
彝族民歌(彝族山歌)	贵州省盘县
传统戏剧	
花灯剧	贵州省花灯剧团
傩戏(荔波布依族傩戏)	贵州省荔波县
传统美术	
苗绣	贵州省台江县
传统技艺	
蜡染技艺(黄平蜡染技艺)	贵州省黄平县
银饰锻制技艺(苗族银饰锻制技艺)	贵州省剑河县、台江县
苗族织锦技艺	贵州省台江县、凯里市
民族乐器制作技艺(苗族芦笙制作技艺)	贵州省凯里市
民俗	
火把节(彝族火把节)	贵州省赫章县
农历二四节气(石阡说春)	贵州省石阡县

第四批

项目名称	申报地区或单位
传统音乐	
土家族民歌	贵州省沿河土家族自治县
传统舞蹈	
布依族转场舞	贵州省册亨县
阿妹戚托	贵州省晴隆县
传统医药	
布依族医药(益肝草制作技艺)	贵州省贵定县
民俗	
仡佬族三幺台习俗	贵州省道真仡佬族苗族自治县
布依族服饰	贵州省
侗族服饰	贵州省黔东南苗族侗族自治州

扩展项目

传统舞蹈	
苗族芦笙舞	贵州省普安县
传统戏剧	
傩戏(庆坛)	贵州省金沙县
传统美术	
剪纸(水族剪纸)	贵州省黔南布依族苗族自治州
传统技艺	
都匀毛尖茶制作技艺	贵州省都匀市

民俗

三月三(报京三月三)	贵州省镇远县
苗族鼓藏节	贵州省榕江县
民间信俗(屯堡抬亭子)	贵州省安顺市西秀区
规约习俗(侗族款约)	贵州省黎平县

附录二　贵州省省级非物质文化遗产名录

第一批

项目名称	申报地区或单位
民间文学	
苗族“刻道”	施秉县
苗族“古歌古词”神话	黄平县
苗族古歌与古歌文化	台江县
中国水书——水族信仰记忆纲文化	黔南州
传统音乐	
侗族琵琶歌	榕江县
侗族大歌	黎平县
洪州琵琶歌	黎平县
布依铜鼓十二则	贞丰县
盘江小调	关岭县
铜鼓十二调	镇宁县
双倍嘎	从江县
传统舞蹈	
苗族格哈	丹寨县
锦鸡舞	丹寨县
畲族粑槽舞	麻江县
反排木鼓舞	台江县
鼓龙鼓舞长杉龙	贵定县
布依族“雯当姆”	荔波县
瑶族打猎舞	荔波县
松桃瓦窑四面花鼓	松桃县
莲花十八响	沿河县
苗族板凳舞	安龙县
彝族撮泰吉	威宁县
苗族芦笙技巧舞“滚山珠”	纳雍县
苗族大迁徙舞	赫章县
彝族铃铛舞	赫章县
采月亮	仁怀县
传统戏剧	
侗戏	黎平县
思州傩戏傩技	岑巩县

福泉阳戏	福泉市
思南花灯	思南县
德江傩堂戏	德江县
石阡木偶戏	石阡县
布依戏	册亨县
安顺地戏	安顺市
曲艺	
布依族“八音座唱”	兴义市
传统体育、游艺与杂技	
勾林	天柱县
侗族月牙铛	天柱县
侗族摔跤	黎平县
隆里花脸龙	锦屏县
传统技艺	
苗族蜡染	丹寨县
石桥古法造纸	丹寨县
剑河锡绣制作工艺	剑河县
苗族服饰文化	雷山县
苗族银饰工艺	雷山县
苗族芦笙文化	雷山县
思州石砚制作工艺	岑巩县
布依族土布制作、扎染工艺	罗甸县
水族马尾绣	三都县
牙舟陶器制作技艺	平塘县
玉屏箫笛制作工艺	玉屏县
小屯白棉造纸工艺	贞丰县
乌当手工土纸制作工艺	贵阳市乌当区
花溪苗族挑花制作工艺	贵阳市花溪区
彝族赶毡制作工艺	威宁县
马场乡苗族大筒箫的制作与演奏	盘县
茅台酒传统酿造工艺	贵州茅台酒股份有限公司
千户苗寨建筑工艺	雷山县
德江土家舞龙	德江县
民俗	
六枝梭嘎箐苗文化空间	六枝特区
占里侗族生育习俗	从江县
平秋北侗婚恋习俗	锦屏县
水族婚俗	都匀市
茅坪花苗婚俗	湄潭县
四十八寨歌节	天柱县
社节	天柱县
报京三月三	镇远县
苗族姊妹节	台江县

思南上元沙洲节	思南县
仡佬族敬雀节	石阡县
安顺屯堡文化	安顺市
苗族茅人节	榕江县
稿午苗族水鼓节	剑河县
苗族牯藏节	雷山县
注溪娃娃场	岑巩县
清水江杀鱼节	福泉市
水族端节	三都县
水族卯节	三都县
查白歌节	兴义市
赶毛杉树	安龙县
大狗场吃新节	平坝县
水城南开三口塘苗族跳花节	水城县
侗族萨码节	榕江县
哥蒙的“哈冲”	黄平县
独山愿灯	独山县
布依族扫寨	都匀市
仡佬族毛龙节	石阡县
盘县地坪乡彝族毕摩祭祀文化	盘县
月也	黎平县
苗族弄嘎讲略	黄平县
古思州“屯锣”	岑巩县
锣	万山特区

第二批

项目名称	申报地区或单位
民间文学	
苗族神话叙事歌《仰阿莎》	剑河县
苗族《古歌》	施秉县、普定县、龙里县
苗族口头经典“贾”	丹寨县
侗族民间文学《珠郎娘美》	榕江县、从江县
布依族摩经	贞丰县、关岭县
苗族历法	丹寨县
苗族民间文学《阿蓉》	榕江县
布依族口传史诗“布依族盘歌”	六盘水市
传统音乐	
苗族多声部情歌	台江县、剑河县
苗族飞歌	雷山县
苗族芒筒芦笙祭祀乐	丹寨县
侗族大歌	从江县小黄乡、榕江县
布依族民歌《好花红》	惠水县
布依族勒尤	贞丰县、兴义市、镇宁县

侗族河边腔	黎平县
河边腔苗歌	锦屏县
十二诗腔苗歌	锦屏县
侗族歌鼟	锦屏县平秋镇
土家族打镏子	沿河县
龙灯钹	铜仁市
布依族婚俗音乐	贞丰县
薅秧歌	金沙县、红花岗区
船工号子	思南县、赤水市
苗族阿江	普定县
凤冈吹打乐	凤冈县
黔北打闹歌	余庆县
布依山歌十八调	贵定县
绕家呃嘣	都匀市
高腔大山歌	桐梓县
仡佬族哭嫁歌	道真县
苗族“游方歌”	施秉县
屯堡山歌	安顺市
传统舞蹈	
苗族铜鼓舞	雷山县
苗族芦笙舞	雷山县、关岭县、凯里市、榕江县、水城县、乌当区
苗族长鼓舞	贵定县
苗族猴鼓舞	花溪区
毛南族打猴鼓舞	平塘县
瑶族猴鼓舞	荔波县
苗族板凳舞	凯里市
苗族踩鼓舞	镇远县
土家族摆手舞	沿河县
金钱杆	江口县
阿妹戚托	晴隆县、兴仁县
苗族烧灵舞	兴仁县
彝族酒礼舞	威宁县
彝族铃铛舞“恳合呗”	钟山区
苗族花鼓舞	乌当区
卡堡花棍舞	乌当区
矮人舞	余庆县
响蒿舞	独山县
苗族夜乐舞	罗甸县
素朴金钱棍	黔西县
四桐鼓舞	威宁县
仡佬族踩堂舞	遵义县
传统戏剧	
阳戏	天柱县

文琴戏	黔西县、铜仁市、遵义市、乌当区
花灯戏	普定县、独山县、黔西县、福泉市、花溪区、遵义市、余庆县、石阡县、印江县
仡佬族傩戏	道真县
黔剧	贵州省黔剧团
思州喜傩神	岑巩县
镇远土家族傩戏	镇远县
蓬莱布依地戏	白云区
马路屯堡地戏	长顺县
曲艺	
嘎百福	剑河县、台江县、榕江县、雷山县
君琵琶	黎平县
安顺唱书	安顺市
水族双歌	三都县
传统体育、游艺与杂技	
麻山绝技	望谟县
布依族高台狮灯	兴义市
仡佬族高台舞狮	务川县、道真县
寨英滚龙	松桃县
瑶族民间陀螺竞技	荔波县
仡佬族打蔑鸡蛋	平坝县、道真县
苗族射弩	织金县、普定县
古典戏法	贵州省杂剧团
传统美术	
苗族剪纸	剑河县
苗族百鸟衣艺术	丹寨县
梭嘎箐苗彩染服饰艺术	六盘水市
石氏面塑	兴仁县
通草堆画	遵义市
苗族“嘎闹”支系服饰艺术	丹寨县
传统技艺	
苗族织锦	麻江县、雷山县
苗族泥哨	黄平县
苗族银饰	黄平县
侗族鼓楼花桥建造技艺	黎平县
造林习俗	锦屏县
侗族鼓楼营造技艺	从江县
苗族马尾斗笠制作技艺	凯里市
苗族堆花绣	凯里市
大方漆器制作技艺	大方县
屯堡石头建筑技艺	平坝县、西秀区
枫香染制作技艺	惠水县、麻江县
蓝靛靛染工艺	册亨县、贞丰县、黎平县

水族石雕	榕江县
土法造纸工艺	三穗县、盘县、惠水县、长顺县
傩面具制作工艺	德江县
竹编工艺	三穗县
木雕工艺	镇远县
印染工艺	印江县
故央——传统手工水磨制香技艺	安龙县
窑上古法制陶	贞丰县
砂陶制作工艺	织金县
安顺蜡染	安顺市
高坡苗族银饰制作技艺	花溪区
布依族纸染绣花制作技艺	花溪区
罗吏目布依族龙制作技艺	乌当区
绥阳旺草竹编技艺	绥阳县
长安布依族土布扎染制作技艺	惠水县
布依族土布制作技艺	关岭县
民间火纸制作技艺	岑巩县
烟火	金沙县
董酒酿制技艺	遵义市
洞藏青酒酿造工艺	镇远县
传统医药	
瑶族医药	从江县
廖氏化风丹制作技艺	红花岗区、汇川区
苗族医药	雷山县、黔东南州民族医药研究所
侗族医药	黔东南州民族医药研究所
布依族防治肝病益肝草秘方	贵定县
水族医药	三都县
同济堂医药文化	贵州同济堂制药有限公司
民俗	
苗族“四月八”	贵阳市
苗族独木龙舟节	台江县、施秉县
苗族祭尤节	丹寨县
河灯节	习水县
赶苗场	习水县
谷陇九月芦笙会	黄平县
布依族丧葬礼俗	贞丰县
仡佬族婚俗	务川县
杜寨布依族丧葬砍牛习俗	贵阳市
新化舞狮	锦屏县
仡佬族吃新节	金沙县、平坝县
土家族过赶年	印江县
下洞祭凤神	印江县
余庆龙灯	余庆县

镇远元宵龙灯会	镇远县
瑶族服饰	麻江县
桐梓苗族服饰	桐梓县
安顺苗族服饰	西秀区、关岭县
布依族服饰	贞丰县、册亨县
箐苗服饰	纳雍县
黔东南苗族服饰	剑河县、台江县、三穗县
屯堡服饰	平坝县
榕江侗族服饰	榕江县
贵阳苗族服饰	花溪区、乌当区
摆贝苗族服饰	榕江县
四十八寨侗族服饰	黎平县
黄平 僅家服饰	黄平县
偏坡布依族服饰	贵阳市
水族服饰	三都县
土家族婚庆夜筵	岑巩县
屯堡“抬亭子”	西秀区
仡佬族宝王祭拜	务川县
青山界四十八寨歌会	锦屏县
土家族“八月八”唢呐节	镇远县
仡佬族丧葬习俗	石阡县
水族婚礼	三都县
平秋重阳鞍瓦	锦屏县
起房造屋习俗	遵义市
苗族招龙	雷山县
仫佬年	麻江县
彝族婚嫁习俗	盘县
瑶族隔冬	麻江县
苗族三月坡	雷山县
苗族扫寨	雷山县
苗族吃鼓藏	从江县
侗族民俗“悄悄年”	石阡县
凤冈茶饮习俗	凤冈县
玉屏赶坳	玉屏县
赶社	岑巩县
彝族年	赫章县
高坡苗族射背牌	花溪区
苗族跳场	花溪区
化屋苗族文化空间	黔西县
小广侗族娶亲节	剑河县
龙鳌祭祀	岑巩县
新场苗族祭天神	都匀市
“6.24”民族传统节——二郎歌会	福泉市

布依族"六月六"	关岭县、贞丰县
"划筷奠祖"苗俗	纳雍县
侗族款约	黎平县
仡佬族三幺台习俗	道真县、务川县
瑶白摆古	锦屏县
彝族咪古	毕节地区文化局
仡佬族吃新祭祖习俗	遵义县
天柱宗祠文化习俗	天柱县
苗族采花节	盘县
大屯三官寨彝族祭祀	毕节市
说春	石阡县
水族祭祖	三都县
甘囊香苗族芦笙节	凯里市
畲族凤凰装	麻江县
苗族苗年	丹寨县、雷山县
苗族吃新节	雷山县
苗族跳花节	安顺市
从江侗族老人节	从江县
侗族祭萨	黎平县
都柳江苗族鼓藏节	榕江县
侗年	锦屏县
岜沙苗族成人礼	从江县
侗族北部方言歌会	天柱县
苗族翻鼓节	丹寨县
竹王崇拜	镇宁县

第三批

项目名称	申报地区或单位
民间文学	
《苗族史诗—亚鲁王》英雄史诗	紫云苗族布依族自治县
布依竹筒歌	关岭布依族苗族自治县
彝族古歌	盘县
苗族十二路酒歌	施秉县
苗族民间故事	水城县
布依族民间故事	望谟县
金汉列美	黎平县、从江县
丁郎龙女	榕江县
布依族叙事诗	望谟县
传统音乐	
土家族高腔山歌	印江土家族苗族自治县、沿河土家族自治县
仡佬族情歌	石阡县
苗族三眼箫音乐艺术	织金县、六盘水市六枝特区
彝族《莫蒿亩》	赫章县、六盘水市钟山区

布依族吹打乐	关岭布依族苗族自治县、惠水县、水城县、兴仁县
姊妹箫	关岭布依族苗族自治县、长顺县、六盘水市六枝特区
侗族哆耶——踩歌堂	黎平县
侗族芦笙谱	榕江县
侗族牛腿琴歌	从江县
苗笛	从江县
苗族酒礼歌	雷山县
彝族山歌	盘县
布依族小打音乐	普安县
布依勒浪	册亨县、贞丰县
布依族“谷温”	贞丰县
布依族十二部古歌	望谟县
哥蒙芦笙乐	黄平县
苗族直箫乐	盘县
传统舞蹈	
瑶族长鼓舞	从江县
苗族芦笙蹉步舞	毕节市
苗族斗脚舞	习水县
苗族斗角舞	修文县
彝族嗨马舞	普安县
苗族芦笙棒舞	普安县
围鼓舞	兴义市
布依族转场舞	册亨县
水族铜鼓舞	三都水族自治县
水族弦鼓舞	三都水族自治县
苗族斗鸡舞	黔西县
羊皮鼓舞	盘县
苗族夫妻舞	平坝县
传统戏剧	
丝弦灯	凤冈县
仡佬族滚龙戏	正安县
端公戏	金沙县
曲艺	
布依族说唱“削肖贯”	望谟县
围鼓	正安县
传统体育、游艺与杂技	
傩技—上刀山	松桃苗族自治县
赛龙舟	铜仁市、镇远县
赤水独竹漂	赤水市
长坝狮灯	金沙县
布依族铁链械	贵阳市花溪区
抵杠	平坝县

攀崖技艺	紫云苗族布依族自治县
苗族武术	麻江县
游氏武术	赤水市
布依族棍术	贞丰县
布依族器乐演奏绝技	平塘县
民间棋艺	正安县、望谟县
岩鹰高跷	黄平县
传统美术	
水族剪纸	都匀市
布依族刺绣	兴义市、望谟县
侗族刺绣	锦屏县
布依族织锦	关岭布依族苗族自治县
传统技艺	
黄平蜡染	黄平县
水族九阡酒酿酒技艺	三都水族自治县、荔波县
都匀毛尖茶制作技艺	都匀市
云雾贡茶手工制作技艺	贵定县
油茶制作技艺	正安县、玉屏侗族自治县
西山虫茶制作技艺	息烽县
苗族酸汤鱼制作技艺	麻江县、凯里市
独山盐酸菜制作技艺	独山县
豆制品制作技艺	大方县、习水县
布依族糯食制作技艺	望谟县、贵定县
荞酥传统制作技艺	威宁彝族回族苗族自治县
青岩玫瑰糖制作技艺	贵阳市花溪区
晒醋制作技艺	赤水市
龙溪石砚制作技艺	普安县
鸟笼制作技艺	丹寨县、贞丰县、黔西县
焰火架制作技艺	印江土家族苗族自治县
粮仓建造技艺	望谟县
安顺木雕	安顺市西秀区
传统医药	
火龙丹	金沙县
罗氏瘰疱疗法	关岭布依族苗族自治县
民俗	
布依族服饰	安顺市西秀区、水城县、兴义市
苗族二月二	兴仁县、贞丰县、松桃苗族自治县、黔东南州
布依族三月三	册亨县、贞丰县、望谟县、安龙县、贵阳市乌当区、惠水县、开阳县
苗族婚俗	丹寨县、习水县
侗族婚俗	黎平县、榕江县
瑶族婚俗	麻江县
苗族斗牛习俗	施秉县、凯里市、开阳县

苗族栽岩习俗	榕江县
苗族卧堆习俗	榕江县
苗族命名习俗	平坝县
侗族鼓楼习俗	从江县
布依族“报笨”习俗	兴义市
布依族铜鼓习俗	兴仁县
彝族毕摩习俗	赫章县
彝族丧葬习俗	金沙县
记间习俗	黎平县、榕江县
稻鱼并作习俗	天柱县
造林习俗	天柱县
苗族祭桥节	三穗县、台江县、黄平县
彝族火把节	大方县、赫章县
求雨祭典	黎平县
侗族芦笙会	黎平县
水族敬霞节	三都县
清镇瓜灯节	清镇市
玩水龙	施秉县
布依族坐夜筵	开阳县

扩展项目

民间文学	
苗族刻道	黄平县
珠郎娘美	黎平县
苗族古歌	凯里市、兴仁县
布依族摩经	兴仁县
传统音乐	
布依族铜鼓乐	关岭布依族苗族自治县
侗族琵琶歌	从江县
苗族民歌(苗族飞歌)	剑河县、纳雍县
传统舞蹈	
苗族芦笙舞	罗甸县
木鼓舞	榕江县
传统戏剧	
花灯戏	贵州省花灯剧团、开阳县、镇远县、金沙县
傩戏(印江土家族傩戏)	印江土家族苗族自治县
荔波布依族傩戏	荔波县
织金穿青人傩戏	织金县
江口傩戏	江口县
阳戏	沿河土家族自治县、息烽县、黔西县、罗甸县、开阳县
地戏	开阳县
侗戏	榕江县、从江县

黔剧	安龙县
曲艺	
布依八音	平塘县
传统美术	
苗族剪纸	台江县
苗绣	黄平县、台江县、紫云苗族布依族自治县、水城县
苗族织锦	凯里市、台江县
传统技艺	
皮纸制作技艺	务川仡佬族苗族自治县、印江土家族苗族自治县、安龙县
竹编技艺	铜仁地区万山特区
苗族芦笙制作技艺	贵阳市花溪区、丹寨县、凯里市
苗族蜡染	紫云苗族布依族自治县
苗族银饰制作技艺	剑河县、关岭布依族苗族自治县、台江县
砂陶制作技艺	盘县
布依族土布制作技艺	望谟县
民俗	
侗年	榕江县
苗族跳花节	赫章县、大方县、金沙县
鼓藏节	台江县
社节	黎平县
侗族萨玛节	从江县
仡佬族“吃新节”	六盘水市六枝特区
苗族杀鱼节	开阳县
苗族四月八	息烽县
依族六月六	开阳县
竹王崇拜	紫云苗族布依族自治县
苗族服饰	习水县、开阳县、修文县、纳雍县、金沙县、黄平县、从江县、凯里市、水城县、兴仁县
屯堡服饰	平坝县、安顺市西秀区
侗族北部方言歌会	三穗县、锦屏县

第四批

项目名称	申报地区或单位
民间文学	
簪汪古歌	清镇市、修文县
播州杨应龙传说	汇川区
布依族浪哨歌	册亨县
苗族“巴狄熊”口传经典	松桃苗族自治县
传统音乐	
布依族土歌	南明区
花山布依古歌	紫云苗族布依族自治县

水族"夺咚"	都匀市
布依族莫歌	独山县
侗族笛子歌	黎平县
注溪山歌	天柱县
启蒙侗歌	锦屏县
瓦寨锣鼓	江口县
薅草锣鼓	石阡县
普宜乐都莫轰	七星关区
苗族山歌	望谟县
传统舞蹈	
布依族铜鼓舞	关岭布依族苗族自治县
苗族雷公舞	贵定县
苗族搓梗仔采阿诗舞	瓮安县
苗族古瓢舞	雷山县
苗族水鼓舞	剑河县
踩亲舞	黄平县
布依竹鼓舞	册亨县
布依族展稍	望谟县
布依族板凳龙舞	兴义市
传统戏剧	
马马灯	正安县
茶灯	松桃苗族自治县
布依族"丫面"	册亨县
苗族武教戏	普安县
灯夹戏	瓮安县
传统体育、游艺与杂技	
土家族高台狮灯	沿河土家族自治县
布依族武术	安龙县
温水小手拳	习水县
传统技艺	
雷家豆腐圆子制作技艺	云岩区
民间纸扎技艺	正安县
墨石雕刻技艺	正安县
湄潭翠芽茶制作技艺	湄潭县
"遵义红"茶制作技艺	湄潭县
湄潭手筑黑茶制作技艺	湄潭县
空心面制作技艺	绥阳县
水族银饰制作技艺	都匀市
水族豆浆染制作技艺	三都水族自治县
苗族谷蔺布制作技艺	惠水县
苗族古瓢琴制作技艺	雷山县
天柱宗祠浮雕彩绘技艺	天柱县
道菜制作工艺	镇远县

煨酒酿造技艺	从江县
石阡苔茶制作技艺	石阡县
土家熬熬茶制作技艺	德江县
花烛制作技艺	思南县
金沙酱香型白酒酿造技艺	金沙县
清池贡茶制作技艺	金沙县
彝族彩布贴花	水城县
古方红糖制作工艺	兴义市
传统医药	
遵义王氏中医推拿	遵义市
胡三帖	贵定县
半枫荷熏浴疗法	凯里市
黔西王氏食痞医药	黔西县
民俗	
龙泉推推灯	凤冈县
铁水冲龙	普定县
苗族跳洞—数岜	龙里县
草塘火龙	瓮安县
水族历法	三都水族自治县
苗族舞龙嘘花习俗	台江县
圣德山歌节	三穗县
巴冶土王戊	三穗县
壮年	从江县
瑶族度戒	从江县
瑶族嫁郎	从江县
羌历年	江口县
布依族婚俗	册亨县、贞丰县
庆坛	晴隆县
布依族二月二铜鼓节	兴仁县
布依族火箭节	兴仁县
彝族服饰	赫章县
苗族祭鼓节	清镇市

扩展项目

民间文学	
布依族摩经	册亨县、望谟县
传统音乐	
高腔大山歌	正安县
侗族牛腿琴歌	黎平县
苗族民歌(苗族飞歌)	台江县
苗族多声部情歌	黄平县
布依族铜鼓乐	六枝特区
布依族勒尤	册亨县

布依族小打音乐	晴隆县
传统舞蹈	
苗族板凳舞	黄平县
金钱棍	岑巩县
传统戏剧	
花灯戏	息烽县、沿河土家族自治县
阳戏	正安县
傩戏	湄潭县、石阡县、纳雍县
地戏	关岭布依族苗族自治县
曲艺	
君琵琶	榕江县
布依八音	册亨县
传统体育、游艺与杂技	
苗族武术	剑河县、松桃苗族自治县
赛龙舟	沿河土家族自治县
布依族高台狮灯	贞丰县、册亨县
传统美术	
苗族剪纸	施秉县
侗族刺绣	镇远县
苗绣	丹寨县、松桃苗族自治县
布依族刺绣	册亨县
传统技艺	
竹编工艺	赤水市
苗族蜡染	平坝县、纳雍县、织金县
水族石雕	荔波县
苗族银饰锻制技艺	丹寨县
豆制品制作技艺	江口县
印染工艺	石阡县
砂陶制作工艺	印江土家族苗族自治县
布依族土布制作技艺	册亨县
蓝靛靛染工艺	望谟县
布依族糯食制作技艺	贞丰县
传统医药	
苗医药骨髓骨伤药膏	麻江县
民俗	
苗族跳场	乌当区
苗族服饰	清镇市、息烽县、龙里县、贞丰县、晴隆县、普安县
苗族跳花节	绥阳县、兴仁县
水书习俗	榕江县
苗族招龙	榕江县、剑河县
月也	榕江县、从江县
苗族姊妹节	剑河县

彝族婚嫁习俗	赫章县
苗族芦笙节	从江县
苗族翻鼓节	凯里市
仡佬族吃新节	务川仡佬族苗族自治县
苗族婚俗	贞丰县

后　　记

这本书是集众人智慧和力量所成，在这一刻，想象着作品即将出版成书，大家都感到很兴奋。

六盘水市是一个多民族杂居区。除汉族外，全市共有 44 个少数民族成分，有少数民族人口达 70 余万。境内世居少数民族主要有彝族、苗族、布依族、回族、白族、仡佬族和水族等，人口均超过万人以上。由于历史及自然原因，苗族多居住于高山地带，彝族、仡佬族、白族、回族多居住在山腰地带，布依族、水族多居住在河谷平坝地带，有“高山苗，矮仲家（指布依族和水族），不高不矮是彝家，仡佬住的石旮旯”之说。整个环境呈“大杂居、小聚居”状态，民族民间文化艺术承传古老、丰富，具有浓郁的民族特色和地方特色。

自从 2005 年开展非物质文化遗产普查及申报工作以来，非物质文化遗产保护工作取得了一些成绩，特别是四级名录体系的建立和完善，标志着六盘水市的非物质文化遗产保护工作已经步入系统化和科学化的轨道。

把六盘水市的非物质文化遗产代表性名录编撰成书，是我们共同的一个心愿，特别是近几年来，在资料方面有了很大的积累，因此在整本书的编撰中，实际是把我们的田野工作进行了一个归类整理。因此，大量的工作主要由各县区负责非物质文化遗产保护工作的同志参与完成：谢丽红、徐玉挺、王铁飞、汤柳等同志参与盘州市非遗项目的编撰；李荔、杨智麟参加水城县非遗项目的编撰；安雪梅、吕桦等参与钟山区非遗项目的编撰；罗刚等参与六枝特区非遗项目的编撰；另外，高昌烈、陆永朝、阮丹、李媛、黄涛、杨玲焱、汪佳炜等同志参与了本书的校对和排版工作，六盘水市文化广电新闻出版局杜军、李勇同志在本书编撰过程给予了大力支持，贵州省非物质文化遗产保护中心李岚、王砂莎、肖德玉等人参与组稿和编撰。

文化是一种绵延的力量，文化是一种温暖的情怀；文化是一个国家、一个民族的灵魂，回望过去，我们为先辈的勤劳、智慧和文化创造力倍感自豪；面对未来，我们将为保护中华文化的多样性，让民族文化之根脉生生不息而努力不懈。由知识